rororo sprachen
Herausgegeben von
Ludwig Moos

Unsere häufigsten Fehler im Italienischen sind typisch deutsch. Andere Nationen machen anderes falsch. Herkömmliche Lehrbücher aber nehmen keine Rücksicht auf fremdsprachliche Schwierigkeiten, die aus muttersprachlichen Gewohnheiten resultieren. «Palavare Italiano?» befaßt sich ausschließlich damit. Mit einem Übungsprogramm, das auf dem Prinzip von Test, Kontrolle und Wiederholung beruht, werden gezielt, doch ohne ödes Pauken, die peinlichsten Fehler verlernt, die der Schüler, Tourist oder Geschäftsmann sonst auf nahezu allen Sprachniveaus beibehält.

Mario Parisi und Liborio Pepi leiten in Hamburg die Sprachschule «Senzaparole». In der Reihe rororo sprachen haben sie ferner veröffentlicht: den Anfängerkurs «Partire per l'Italia» (mit Sprachcassette, rororo 8795 und 8796), den Fortgeschrittenenkurs «Finalmente in Italia» (rororo 8411 und 8472) und das italienische Quasselbuch mit Sprüchen und Widersprüchen «Parole Espresse» (rororo 8434). In der Reihe Anders reisen erschien ihr «Sprachbuch Italien» (rororo 7571).

Mario Parisi
Liborio Pepi

Palavare Italiano?

**Typisch deutsches Italienisch
und wie man es verbessert**

ITALIANO

ro
ro
ro

Rowohlt

Originalausgabe
Veröffentlicht im Rowohlt Taschenbuch Verlag GmbH,
Reinbek bei Hamburg, August 1992
Copyright © 1992 by Rowohlt Taschenbuch Verlag GmbH,
Reinbek bei Hamburg
Umschlagillustration Gerd Huss
Umschlagtypographie BÜRO Hamburg / Peter Wippermann
Satz Futura (Linotronic 500)
Gesamtherstellung Clausen & Bosse, Leck
Printed in Germany
1290-ISBN 3 499 19178 4

Inhalt

Gebrauchsanweisung

Niemand ist perfekt – zum Glück! Trotzdem ist der Wunsch gerechtfertigt, eine Fremdsprache so gut wie möglich zu beherrschen. Da aber vor dem Preis der Fleiß steht, kommt man bekanntlich nur durch diszipliniertes Lernen von grammatikalischen Regeln und durch ihre konsequente Anwendung zum Ziel. Aber Regeln haben Ausnahmen, und in der italienischen Sprache sind sie so zahlreich, daß einem die Regel manchmal nicht weiterhilft. Hinzu kommt, daß deutsche Muttersprachler immer wieder ganz bestimmte Fehler machen (ebenso wie Franzosen, Japaner oder Schweden), die in den herkömmlichen Übungsbüchern und Grammatiken nicht berücksichtigt werden.

Diesem Mangel möchte unser Buch abhelfen. Es systematisiert das Erkennen und erleichtert so das Verlernen der typischen Fehler. Erfaßt werden sie in den Kapiteln

▧ Parole simili – ähnliche Ausdrücke
▧ Errori di traduzione – Übersetzungsfehler
▧ Errori grammaticali – Grammatikfehler
▧ L'ordine della frase – Satzstellung

Anhand dieser Gliederung kann das Buch auch als Nachschlagewerk benutzt werden. Die Sammlung der typischen Fehler stammt aus unserer langjährigen Erfahrung als Sprachlehrer.

Die einzelnen Kapitel haben jeweils zwei Schwerpunkte. Im ersten Teil (Qual è l'errore? – Wo liegt der Fehler?) stehen jeweils auf einer rechten Seite falsche und korrekte Sätze nebeneinander. Aufgabe der Leser und Leserinnen ist es, die Fehler – es ist höchstens einer pro Satz – zu erkennen und zu korrigieren. Schlägt man die Seite um, findet man die «Frasi corrette», die Übungssätze mit halbfetten Fehlerkorrekturen. Im zweiten Teil der Kapitel folgen Tests (Qual è la forma sbagliata? – Welches ist die falsche Form? und Scegliete la parola adatta – Wählen Sie das passende Wort) und ihre Auflösung samt Erklärung (Soluzioni e spiegazioni).

«Palavare Italiano» enthält Übungen mit unterschiedlichem Schwierigkeitsgrad. Es bietet Anfängern mit geringen Sprachkenntnissen ebenso wie Fortgeschrittenen die Möglichkeit, selbständig, das heißt ohne die Hilfe eines Muttersprachlers, die eigenen typischen Fehler zu erkennen und «wegzuüben». Der Aufbau des Buches erlaubt es zudem, bestimmte Fehlergruppen gezielt zu bearbeiten.

Parte prima:
Parole simili

Nomi simili di cibi

Qual è l'errore?

1. Ho comprato una bottiglia d'aglio vergine d'oliva.

2. Un test. Che colore è questo? Bianco! E questo? Bianco! E quest'altro? Bianco! E che cosa beve la mucca? Latte! No, acqua!

3. E l'olio? Lo devo fare a pezzettini?

4. Che cosa vogliamo preparare per la cena: carne o pesca?

5. Hai letto il «Tamburo di Latte» di Günter Grass?

6. Ho voglia di frutta rinfrescante: una pesce!

7. Da più di un'ora è attaccato alla cornetto del telefono!

8. In macelleria: Mi da un chilo d'anello, per favore?

9. Che matrimonio! Gli sposini erano così emozionati che non riuscivano a scambiarsi gli agnelli.

10. Che gelato prendi? Io prendo un cornetta alla nocciola.

11. Cameriere, mi porti un quarto di pollo, per piacere.

12. Quel carne abbaia giorno e notte?

13. Mio figlio non vuole mangiare la papa.

14. Il mastino napoletano è un cane molto pericoloso.

15. Non voglio più mangiare carne di maiale!

16. Il papa ha visitato per la prima volta la Polonia.

17. Un ghiaccio che mi piace moltissimo è quello al limone.

18. Che uomo impassibile: sembra un pezzo di gelato!

19. Prendo un sugo di frutta perché contiene molte vitamine.

20. Oh che bel piatto di spaghetti al succo!

Nomi simili di cibi

Frasi corrette

1. Ho comprato una bottiglia d'**olio** vergine d'oliva.

2. Un test: Che colore è questo? Bianco! E questo? Bianco! E quest'altro? Bianco! E che cosa beve la mucca? **Latte**! No, acqua.

3. E l'**aglio**? Lo devo fare a pezzettini?

4. Che cosa vogliamo preparare per la cena: carne o **pesce**?

5. Hai letto il «Tamburo di **Latta**» di Günter Grass?

6. Ho voglia di frutta rinfrescante: una **pesca**!

7. Da più di un'ora è attaccato alla **cornetta** del telefono!

8. In macelleria: Mi da un chilo d'**agnello**, per favore?

9. Che matrimonio! Gli sposini erano così emozionati che non riuscivano a scambiarsi gli **anelli**.

10. Che gelato prendi? Io prendo un **cornetto** alla nocciola.

11. Cameriere, mi porti un quarto di pollo per piacere.

12. Quel **cane** abbaia giorno e notte?

13. Mio figlio non vuole mangiare la **pappa**.

14. Il mastino napoletano è un cane molto pericoloso.

15. Non voglio più mangiare carne di maiale.

16. Il papa ha visitato per la prima volta la Polonia.

17. Un **gelato** che mi piace moltissimo è quello al limone.

18. Che uomo impassibile: sembra un pezzo di **ghiaccio**.

19. Prendo un **succo** di frutta perché contiene molte vitamine.

20. Oh che bel piatto di spaghetti al **sugo**.

Nomi simili di cibi

Scegliete la parola adatta

l'anello/l'agnello   il cane/la carne   il cornetto/la cornetta   il ghiaccio/il gelato   il latte/la latta   l'olio/l'aglio   il pollo/la palla   il papa/la pappa   il pesce/la pesca   il sugo/il succo

1. La chiesa cattolica non ha ancora avuto un *papa* di colore.

2. In questo lago abbonda il *pesce* e così ne viene portato molto in città. ?

3. Che caldo! Ho proprio voglia di mangiare un *cornetto* alla fragola.

4. Loro non vanno d'accordo: sono come *cane* e gatti.

5. Sul tuo vestito c'è una macchia d' *olio*

6. Quando ero bambino spesso giocavo con una *palla* in mezzo alla strada.

7. Porta sempre al dito l' *anello* che le ha regalato il suo ragazzo.

8. Preferisci il vino più freddo? Posso darti del *ghiaccio*.

9. Questi non sono spaghetti al dente! È una *pappa* per persone senza denti e gusto.

10. Oggi preparo io un bel piatto di spaghetti al *aglio*

11. Il *cane* è l'amico dell'uomo (quando non lo morde).

12. Mi piace moltissimo la cioccolata al *latte*

13. Dopo la cena ci hanno offerto un *gelato* molto buono.

14. Ho comprato diversi *succhi* di frutta.

15. Quest'uomo non è né *carne* né pesce!

16. Come è possibile uccidere un animale così mite come l' *agnello*

17. La *latta* è un metallo molto usato.

18. Il telefono non funziona; forse dipende dalla *cornetta*, che caduta violentemente per terra.

Nomi simili di cibi

Soluzioni e spiegazioni

1. papa   2. pesce   3. cornetto   4. cane   5. olio   6. palla   7. anello
8. ghiaccio   9. pappa   10. sugo   11. cane   12. latte   13. gelato
14. succhi   15. carne   16. agnello   17. latta   18. cornetta

l'agnello: Lamm   *agnello pasquale* Osterlamm
l'anello: 1. Ring   2. Glied, Kettenglied   3. Haarlocke

il cane: 1. Hund   2. Schuft   3. *non c'era un cane* es war kein Mensch
da   *tempo da cani* Hundewetter
la carne: 1. Fleisch   2. Fleisch, Sinnlichkeit   3. *non essere né carne
né pesce* nicht Fleisch, nicht Fisch sein

la cornetta: 1. Hörer   2. Posthorn
il cornetto: 1. Hörnchen   2. hörnchenförmiges Amulett

il gelato: 1. Eis, Speiseeis   *cono gelato* Eistüte   *coppa di gelato* Eis-
becher   2. gefroren, zugefroren
il ghiaccio: Eis   *ghiaccio artificiale* Kunsteis   *ghiaccio in blocchi* Eis-
blöcke   *di ghiaccio* eiskalt, eisig   *rompere il ghiaccio* das Eis brechen

la latta: 1. Blech   2. Kanister, Büchse
il latte: Milch

l'olio: Öl   *con l'olio di gomito* Handarbeit
l'aglio: Knoblauch   *mangiare l'aglio* in den sauren Apfel beißen

la palla: Ball   *rompere le palle* jemandem auf den Sack gehen
il pollo: 1. Huhn   2. Tolpatsch   *conoscere bene i propri polli* ich
kenne meine Pappenheimer

il papa: Papst   *ad ogni morte di papa* alle Jubeljahre (einmal)   *vivere da papa* in Saus und Braus leben
la pappa: 1. Brei, Mus   2. *pappa molle* Schlappschwanz

la pesca: 1. Pfirsich   2. Fischen, Fischfang   3. Glückstopf
il pesce: Fisch   *pesce d'aprile* Aprilscherz   *buttarsi a pesce* sich auf
etwas stürzen

il succo: 1. Saft   *succo di frutta* Fruchtsaft   2. Kern, Wesen   *il succo
della questione* der Kern der Frage
il sugo: Tunke, Soße   *sugo di pomodoro* Tomatensoße

Con accento e senza

Qual è l'errore?

1. Non puoi star li: è pericolosissimo!

2. Conosci quel signore lù?

3. Al telefono: «È il casino di San Remo?» «No, il palazzo del governo.» «Oh mi scusi: ho sbagliato casino.»

4. Sé ci fossi stato io, forse non l'avrebbe fatto.

5. Tè: pronome personale di seconda persona.

6. Va bene sono d'accordo con te, pero resta il fatto che il pero è l'albero più alto del frutteto.

7. Lì ho visti in un luogo strano.

8. «Ti è piaciuto il film?» «Si, mi è piaciuto molto.»

9. Non so se questa sera potrò venire a casa tua.

10. Qual è questa volta la meta del tuo viaggio?

11. Là: articolo determinativo femminile singolare.

12. Che cosa posso offrirti, ti va una tazza di te?

13. Il papà è il capo spirituale dei Cattolici.

14. Augurami buona fortuna: stasera mi gioco tutto al casinò.

15. Ieri sera sì è addormentato tardissimo.

16. La: pronome personale femminile diretto di terza persona.

17. Ma Marco, perché smetti sempre a meta del lavoro?

18. Ecco lo distruggo! Così non va ne a te, né a me.

19. Il suo papa è un signore molto distinto.

Con accento e senza

1. Non puoi star **lì**: è pericolosissimo!

2. Conosci quel signore **là**?

3. Al telefono: «È il **casinò** di San Remo?» «No, il palazzo del governo.» «Oh mi scusi: ho sbagliato casino.»

4. **Se** ci fossi stato io, forse non l'avrebbe fatto.

5. **Te**: pronome personale di seconda persona.

6. Va bene sono d'accordo con te, **però** resta il fatto che il pero è l'albero più alto del frutteto.

7. **Li** ho visti in un luogo strano.

8. «Ti è piaciuto il film?» «**Sì**, mi è piaciuto molto.»

9. Non so se questa sera potrò venire a casa tua.

10. Qual è questa volta la meta del tuo viaggio?

11. **La**: articolo determinativo femminile singolare.

12. Che cosa posso offrirti, ti va una tazza di **tè**?

13. Il **papa** è il capo spirituale dei Cattolici.

14. Augurami buona fortuna: stasera mi gioco tutto al casinò.

15. Ieri sera **si** è addormentato tardissimo.

16. La: pronome personale femminile diretto di terza persona.

17. Ma Marco, perché smetti sempre a **metà** del lavoro?

18. Ecco lo distruggo! Così non va **né** a te, né a me.

19. Il suo **papà** è un signore molto distinto.

Con accento e senza

Scegliete la parola adatta

il casino / il casinò   la / là   li / lì   la meta / la metà   ne / né   il papa / il papà   il pero / però   se / sé   si / sì   te / tè

1. Che egoista pensa solo a ...*sé*... stesso!

2. In Italia il ...*casinò*... più famoso è quello di San Remo.

3. Il bambino ha gettato le braccia al collo di suo ...*papà*...

4. Quante belle arance! ...*Ne*... posso prendere qualcuna?

5. Ma per favore, non puoi rispondere sempre di no! Almeno una volta dimmi di ...*sì*...

6. In questa stanza c'è un gran ...*casino*... : non so più dove mettere le mani!

7. Accetto di cantare, ...*se*... tu mi accompagni con la chitarra.

8. Guarda, facciamo così: tu ne prendi la ...*metà*... e il resto ce lo dividiamo in tre.

9. In macchina sì, ma a piedi è una ...*meta*... troppo lontana.

10. In Italia ...*si*... mangiano molti spaghetti.

11. Vuole andare a Roma per vedere il ...*papà*...

12. Non prende mai caffè a colazione, ma si beve mezzo litro di ...*tè*...

13. Quella donna è impossibile! Non ...*la*... voglio più vedere!

14. Ma lo sanno tutti che lei è innamorata di ...*te*...

15. Andiamo da Sandra?! No, ...*lì*... non ci metto più piede.

16. ...*Se*... domani dovesse piovere come oggi, resterei tutto il giorno a casa.

17. In questo giardino ci sono molti alberi, c'è anche qualche ...*pero*...

18. ...*Là*... , è simile a lì.

Con accento e senza

1. sé   2. casinò   3. papà   4. ne   5. sì   6. casino   7. però   8. metà
9. meta   10. si   11. papa   12. tè   13. la   14. te   15. lì   16. se
17. pero   18. là

il casinò: Kasino
il casino: 1. Lärm, Radau, Chaos   2. Bordell

la: 1. die   2. sie   *la sento* ich höre sie   3. Sie   *La prego, si accomodi*
ich bitte Sie, nehmen Sie Platz
là: 1. dort, da   2. dorthin   *metti là il libro* lege das Buch dorthin

li: sie   *li hai visti?* hast du sie gesehen?
lì: dort, da   (wie «**là**»)

la meta: Ziel
la metà: 1. Hälfte, halb   *a metà prezzo* zum halben Preis

ne: daraus, davon etc.
né: ...noch   *non piove né tira vento* weder regnet es, noch bläst der
Wind

il papa: Papst
il papà: Papa, Vati

il pero: Birnbaum
però: aber, jedoch, doch   *è un brav'uomo, ma non è fortunato* er ist
ein guter Mensch, hat jedoch kein Glück

se: 1. wenn, falls   *se ne avessi voglia, verrò con voi* sollte ich Lust
dazu haben, werde ich mit euch kommen   2. wenn, doch, ja   *se non
ne ho voglia?*, wenn ich keine Lust dazu habe?   3. ob   *non so se devo
crederti* ich weiß nicht, ob ich dir glauben soll
sé: sich   *parlare di sé* von sich sprechen

sì: 1. ja   2. wirklich   *questa sì che è bella!* das ist ja köstlich   3. zwar
è bello sì, ma troppo caro es ist zwar schön, aber zu teuer   4. *sì che*
so daß   5. *sì... come* so... wie
si: 1. sich   2. sich, einander: *si aiutano a vicenda* sie helfen sich ge-
genseitig   3. man: *si dice che* man sagt, daß

te: 1. dich   2. dir, dich, deiner   3. *povero te!* du Armer
tè: Tee

Verbo o verbo

Qual è l'errore?

1. Ci vuole inventare a cena prima di partire.

2. Al mare ho visto notare tanti turisti anche a Marzo, nonostante la bassa temperatura.

3. Non riesco a capire il perché tu non ti voglia spossare.

4. Questo pacco è molto leggere.

5. Questo è un lavoro che può sposare pure Ercole.

6. È una persona a cui piace farsi nuotare.

7. Lui ha invitato un nuovo sistema per insegnare l'Italiano.

8. Mio figlio, piano piano, sta imparando a leggero.

9. Conta una bella canzone italiana: ascoltiamolo!

10. È ancora innamorato di lei: continua a sparire che lei ritorni.

11. Bisogna volere veramente un qualcosa per riuscire a realizzarlo.

12. Mio zio ripeteva continuamente che il ridare abbonda sulla bocca degli stupidi.

13. Ma perché non vai tu a votare il secchio dell'immondizia?

14. Stanno cantando i giorni che mancano alla partenza.

15. Ho molti problemi a decidere quale partito votare.

16. Si dice che la speranza sia l'ultima cosa a sparire.

17. Quando mi vuoi ridere i soldi che ti ho prestato?

18. Gli uomini hanno sognato per molti secoli di potere volere come gli uccelli.

Verbo o verbo

Frasi corrette

1. Ci vuole **invitare** a cena prima di partire.

2. Al mare ho visto **nuotare** tanti turisti anche a Marzo, nonostante la bassa temperatura.

3. Non riesco a capire il perché tu non ti voglia **sposare**.

4. Questo pacco è molto **leggero**.

5. Questo è un lavoro che può **spossare** pure Ercole.

6. È una persona a cui piace farsi **notare**.

7. Lui ha **inventato** un nuovo sistema per insegnare l'Italiano.

8. Mio figlio, piano piano, sta imparando a **leggere.**

9. **Canta** una bella canzone italiana: ascoltiamolo!

10. È ancora innamorato di lei: continua a **sperare** che lei ritorni.

11. Bisogna volere veramente un qualcosa per riuscire a realizzarlo.

12. Mio zio ripeteva continuamente che il **ridere** abbonda sulla bocca degli stupidi.

13. Ma perché non vai tu a **vuotare** il secchio dell'immondizia?

14. Stanno **contando** i giorni che mancano alla partenza.

15. Ho molti problemi a decidere quale partito votare.

16. Si dice che la speranza sia l'ultima cosa a sparire.

17. Quando mi vuoi **ridare** i soldi che ti ho prestato?

18. Gli uomini hanno sognato per molti secoli di potere **volare** come gli uccelli.

Verbo o verbo

Scegliete il verbo adatto

cantare / contare   inventare / invitare   leggere / leggero   notare / nuotare   ridare / ridere   sperare / sparire   sposare / spossare   volare / volere   votare / vuotare

1. Gli stranieri non hanno il diritto di andare a ....

2. Si dice che gli italiani sanno tutti ....

3. Adesso, dopo averle raccontato la verità, mi sento più ....

4. Vorrei .... un qualcosa che permetta di imparare le lingue straniere senza fare molto lavoro.

5. Questa storia è così divertente che potrebbe farmi morire dal ....

6. Purtroppo non so .... così non mi piace il mare.

7. Mio nonno non va in aereo perché ha paura di ....

8. Che grande illusionista: è capace di fare .... qualsiasi cosa con un solo gesto.

9. Finalmente gli posso .... tutto quello che mi ha dato.

10. Parla bene l'Italiano, ma ha molti problemi a ....

11. È più facile .... i difetti degli altri che i propri.

12. Per non .... anche Sandra ha rinunciato a festeggiare.

13. È importante .... il bene del proprio prossimo.

14. Vorrei trovare il tempo per .... il romanzo che mi hai consigliato.

15. È rimasto scapolo perché non ha potuto .... la donna dei suoi sogni.

16. Non gli resta altro da fare che .... di vincere al lotto.

17. È capace di .... una bottiglia in un sorso!

18. .... una persona così resistente non è cosa di poco conto.

Verbo o verbo

1. votare   2. cantare   3. leggero   4. inventare   5. ridere   6. nuotare   7. volare   8. sparire   9. ridare   10. contare   11. notare   12. invitare   13. volere   14. leggere   15. sposare   16. sperare   17. vuotare   18. spossare

cantare: 1. singen   2. zwitschern, krähen   3. dichten   4. auspacken, singen, pfeifen: *cantarla chiara* klipp und klar sagen
contare: 1. zählen   2. rechnen, mitzählen: *non hai contato lui* du hast ihn nicht mitgezählt   3. halten für, schätzen als

inventare: 1. erfinden   2. ausdenken   3. erlügen
invitare: 1. einladen   2. bitten, ersuchen   3. ermahnen, auffordern

leggere: 1. lesen, vorlesen   2. ablesen
leggero: 1. leicht   2. leichtsinnig; flatterhaft   3. mild

notare: 1. vermerken, notieren, aufschreiben   2. (accorgersi) bemerken   3. *farsi notare* sich bemerkbar machen
nuotare: 1. schwimmen   2. (galleggiare) schwimmen, treiben

ridare: 1. wiedergeben   2. zurückgeben
ridere: 1. lachen   2. (canzonare) auslachen   3. Spaß machen: *non arrabbiarti si faceva per ridere*

sperare: 1. hoffen   2. erwarten: *sperare qualcosa da qualcuno*
sparire: 1. verschwinden   2. gestohlen werden

sposare: 1. heiraten;   2. (aderire con entusiasmo) eintreten für: *sposare una causa* für eine Sache eintreten
spossare: ermüden, erschöpfen; schwächen; entnerven, aufreiben

volare: 1. fliegen   2. (sfrecciare) sausen
volere: 1. wollen   2. begehren, verlangen   3. annehmen, aufnehmen   4. erlauben, gestatten   5. *volere bene a qualcuno* jemanden gern haben

votare: 1. wählen   2. (dedicare) *votare la propria vita alla famiglia* sein Leben der Familie widmen
vuotare: 1. leeren, ausleeren   2. räumen; plündern, ausplündern   3. austrinken

Maschile e femminile con differente significato

Qual è l'errore?

1. Ha sempre il testo tra le nuvole!

2. Chiudi il porto per favore, che fa un freddo cane!

3. C'è l'imbarazzo della scelta: che torti squisite!

4. Mi dispiace, ma è un testo scritto malissimo!

5. La partita comunista ha cambiato nome.

6. Quell'uomo è una mostra: è senza cuore!

7. Ha ragione a sentirsi offeso: gli hai fatto un grande torto.

8. Scusi, è libero questa posta?

9. Ci sono persone che si vestono alla moda e nonostante questo non sono eleganti.

10. Ed anche quest'anno gli alberi iniziano a perdere i fogli.

11. Ma scusi: che modi sono questi?

12. La partita è stata sospesa a causa del maltempo.

13. Non è che puoi darmi qualche foglia del giornale?

14. Quando è arrivato il fine del primo tempo molte persone sono andate via.

15. Ogni tanto in questa galleria c'è qualche mostro interessante.

16. Alcuni credono che il fine giustifichi sempre i mezzi.

17. Per fortuna la posto è ancora aperta: devo fare un versamento.

18. Da quale porta parte il traghetto per quest'isola?

Maschile e femminile con differente significato

Frasi corrette

1. Ha sempre **la testa** tra le nuvole!

2. Chiudi **la porta** per favore, che fa un freddo cane!

3. C'è l'imbarazzo della scelta: che **torte** squisite!

4. Mi dispiace, ma è un testo scritto malissimo!

5. **Il partito** comunista ha cambiato nome.

6. Quell'uomo è **un mostro**: è senza cuore!

7. Ha ragione a sentirsi offeso: gli hai fatto un grande torto.

8. Scusi, è libero questo **posto**?

9. Ci sono persone che si vestono alla moda e nonostante questo non sono eleganti.

10. Ed anche quest'anno gli alberi iniziano a perdere **le foglie**.

11. Ma scusi: che modi sono questi?

12. La partita è stata sospesa a causa del maltempo.

13. Non è che puoi darmi qualche **foglio** del giornale?

14. Quando è arrivato **la fine** del primo tempo molte persone sono andate via.

15. Ogni tanto in questa galleria c'è qualche **mostra** interessante.

16. Alcuni credono che il fine giustifichi sempre i mezzi.

17. Per fortuna **la posta** è ancora aperta: devo fare un versamento.

18. Da quale **porto** parte il traghetto per quest'isola?

Maschile e femminile con differente significato

Scegliete la parola adatta

la fine/il fine   la foglia/il foglio   la moda/il modo   la mostra/il mostro   la partita/il partito   la porta/il porto   la posta/il posto   la testa/il testo   il torto/la torta

1. Credo che in questo .... la situazione non possa fare altro che migliorare.

2. Ho un gran mal di ....

3. Genova ha il più grande .... d'Italia.

4. Vado in pasticceria a comprare una ....

5. Il capo del governo è del .... democristiano.

6. È rimasto fino alla .... della festa.

7. Nelle vetrine dei negozi del centro, ci sono in .... alcuni prodotti tipici di questa città.

8. Dopo la .... ci sono stati parecchi scontri tra i tifosi rivali.

9. Una .... di fico ricopre il sesso di Adamo.

10. Gli italiani spendono moltissimo per vestirsi all'ultima ....

11. La .... di quel convento è aperta a tutti i bisognosi.

12. Non è facile trovare questo .... perché è stato pubblicato da una piccola casa editrice.

13. Mi fai .... a dire che è tutta colpa mia.

14. È meglio evitare di domandarsi quale sia il .... della vita.

15. Ho perso un .... sul quale ci sono scritti degli appunti importanti.

16. Puoi consigliarmi qualche .... tranquillo.

17. Non ho mai visto un .... così terrificante come questo.

18. C'è uno sciopero dei lavoratori della ....

Maschile e femminile con differente significato

Soluzioni e spiegazioni

1. modo   2. testa   3. porto   4. torta   5. partito   6. fine   7. mostra
8. partita   9. foglia   10. moda   11. porta   12. testo   13. torto
14. fine   15. foglio   16. posto   17. mostro   18. posta.

la fine: Ende, Schluß   *dal principio alla fine* von Anfang bis Ende
il fine: Zweck, Ziel, Absicht   *il fine giustifica i mezzi* der Zweck heiligt die Mittel

la foglia: 1. Blatt   2. (fogliame) Laub   3. Blattwerk
il foglio: Blatt, Bogen   *foglio periodico* Zeitung

la moda: Mode   *all'ultima moda* nach der neuesten Mode
il modo: 1. Weise, Art   2. Weg, Methode   3. (occasione) Gelegenheit   4. Benehmen   5. (usanza) Brauch, Sitte

la mostra: 1. Schau, Schaustellung   2. Schein, Verstellung   3. Ausstellung
il mostro: 1. Ungeheuer   2. Mißgeburt, grausamer Mensch   3. (fenomeno) Ausbund   4. (prodigio) Wunder

il partito: 1. Partei   2. *prendere un partito* einen Entschluß fassen
3. Partie, Heiratsmöglichkeit
la partita: 1. Spiel, Partie   2. *fare una partita a carte* eine Partie Karten spielen   2. Wettkampf, Spiel, Treffen   3. Posten   *una partita di merce* ein Warenposten

la porta: 1. Tür   2. Tor
il porto: 1. Hafen   2. (meta) Ende, Ziel   3. Fracht   4. Porto, Portogebühr   5. *porto d'armi* Waffenschein

la posta: 1. Post   2. (ufficio postale) Postamt   3. (corrispondenza) Briefe   4. Einsatz, Spieleinsatz
il posto: 1. Platz, Stelle   2. (luogo pubblico) Lokal   3. Ort, Region

la testa: 1. Kopf, Haupt   2. (mente, cervello) Gehirn, Sinn, Verstand
il testo: 1. Text   2. Buch, Schulbuch

la torta: Torte   *spartirsi la torta* die Beute aufteilen
il torto: Unrecht   *riparare un torto* ein Unrecht wiedergutmachen

Maschile e femminile con differente significato

Qual è l'errore?

1. Devo fare di corso, perché ho pochissimo tempo.

2. Quell'uomo ha un volto particolare.

3. In questo quartiere si può trovare qualche soffitto abitabile.

4. Se vuoi puoi telefonarmi durante l'ora dei pasti.

5. Lui sta frequentando una corsa di francese.

6. È la prima e l'ultima volto che esco con te!

7. Non ti dimenticare di domani: lo sai che per me è una data molto importante!

8. Non mi viene niente in mento!

9. Le ho regalato un anello d'oro.

10. Si è comprato una bella casa in riva al mare.

11. È spaventoso la costa della vita in questa città.

12. Ti ringrazio: con questo nuovo dato potrò risolvere facilmente il mio problema.

13. Attento a non farti male alla testa: in quest'altra stanza la soffitta è molto bassa.

14. L'ho incontrato per caso, mentre andavo a fare la spesa.

15. Anche in Germania mangio pasto, soprattutto spaghetti.

16. Questa costa è ancora più bella di come me l'ero immaginata.

17. Si è ferito gravemente: ha battuto con il mento contro il volante della macchina.

18. Si dice che le ore del mattino hanno l'oro in bocca.

Maschile e femminile con differente significato

Frasi corrette

1. Devo fare di **corsa**, perché ho pochissimo tempo.

2. Quell'uomo ha un volto particolare.

3. In questo quartiere si può trovare qualche **soffitta** abitabile.

4. Se vuoi puoi telefonarmi durante l'ora dei pasti.

5. Lui sta frequentando **un corso** di francese.

6. È la prima e l'ultima **volta** che esco con te!

7. Non ti dimenticare di domani: lo sai che per me è una data molto importante!

8. Non mi viene niente in **mente**!

9. Le ho regalato un anello d'oro.

10. Si è comprato una bella casa in riva al mare.

11. È spaventoso **il costo** della vita in questa città.

12. Ti ringrazio: con questo nuovo dato potrò risolvere facilmente il mio problema.

13. Attento a non farti male alla testa: in quest'altra stanza la soffitta è molto bassa.

14. L'ho incontrato per caso, mentre andavo a fare la spesa.

15. Anche in Germania mangio **pasta**, soprattutto spaghetti.

16. Questa costa è ancora più bella di come me l'ero immaginata.

17. Si è ferito gravemente: ha battuto con il mento contro il volante della macchina.

18. Si dice che le ore del mattino hanno l'oro in bocca.

Maschile e femminile con differente significato

Scegliete la parola adatta

la casa/il caso   la corsa/il corso   la costa/il costo   la data/il dato
la mente/il mento   l'ora/l'oro   la pasta/il pasto   la soffitta/il soffitto   la volta/il volto

1. Non riesco a concentrarmi perché ho in .... sempre te.

2. Non è tutto .... quello che luccica.

3. Con la fronte di Monna Lisa, la bocca di Psiche, le fossette di Venere: conosci una donna con un .... così.

4. Il 25.5.: è questa la .... del tuo compleanno?

5. Voglio quel lavoro ad ogni ....

6. Si dice che sia la mezzanotte l'................. in cui i vampiri si svegliano.

7. L'affresco sul .... di questa sala è di un pittore del Seicento.

8. Quasi tutte le sere il .... è affollato di persone

9. Ogni .... che torno, non vorrei più partire!

10. È un'eminenza grigia: ha le mani in .... in molti affari strani.

11. Il .... è una parte della testa ed è sottostante alla bocca.

12. Anche quest'anno la Ferrari non ha vinto la ....

13. Il suo più grande sogno è quello di possedere una ....

14. La percentuale risultante da questo calcolo è un .... poco convincente.

15. Questo .... non è buono neanche per i cani!

16. È il .... che ha voluto che ci incontrassimo qui.

17. Ho la .... stracolma di cose inutili.

18. Questa .... è stata rovinata dalla speculazione edilizia.

29

Maschile e femminile con differente significato

Soluzioni e spiegazioni

1. mente   2. oro   3. volto   4. data   5. costo   6. ora   7. soffitto
8. corso   9. volta   10. pasta   11. mento   12. corsa   13. casa
14. dato   15. pasto   16. caso   17. soffitta   18. costa

la casa: 1. Haus   2. Wohnung, Heim, Dynastie
il caso: 1. Zufall   2. Fall   3. Angelegenheit   4. Krankheitsfall
5. Rechtsfall   6. Kasus

la corsa: 1. Lauf, laufen, Fahrt, fahren   2. (scappata) Sprung
3. Wettlauf, Wettrennen   4. Lauf, Gang
il corso: 1. Lauf   2. Ablauf   *il corso degli eventi* der Ablauf der Ereignisse   3. Lehrgang   4. Lehrbuch   5. Kurs   6. (strada principale) Hauptstraße, Allee   7. Lauf, Bahn

la costa: 1. Küste   2. (falda di monte) Abhang   3. (tessuti) Rippe
il costo: 1. Kosten, Unkosten, Aufwand   2. (prezzo) Preis

la data: 1. Datum   2. Zeitpunkt   3. Zeit
dato: 1. (debito) ergeben   *dato al bere* dem Suff ergeben   2. bestimmt, gewiß   3. (mathem.) gegeben   4. in Anbetracht   5. Anhaltspunkt, Beleg   6. Angabe

la mente: 1. Geist, Verstand   2. Kopf, Sinn   *cosa ti salta in mente?* was fällt dir ein?   3. Gedächtnis
il mento: Kinn   *doppio mento* Doppelkinn

l'ora: 1. jetzt, nun   2. (da poco) eben, soeben, gerade, erst   3. (fra poco) bald, gleich   4. Stunde   5. Zeitpunkt
l'oro: 1. Gold   2. Farbe im Kartenspiel

la pasta: 1. Teig   2. Teigware, Nudel   3. Kuchen, Gebäck
il pasto: 1. Essen, Mahlzeit, Fütterung   2. Speise, Essen, Futter

la soffitta: 1. Dachboden
il soffitto: Zimmerdecke, Decke

la volta: 1. Reihe   *questa è la volta tua* jetzt ist die Reihe an dir
2. (momento) Mal   3. Gewölbe, Wölbung
il volto: 1. Gesicht   2. Gesicht, Wesen

Maschile e femminile con differente significato

Qual è l'errore?

1. Odio di fare il filo alla cassa dei supermercati.

2. Allora: brindiamo alla tua saluto!

3. Scusa, sai dov'è la scopa? Vorrei pulire il pavimento.

4. Per queste strade di montagna, viene segnalata la caduta masse.

5. È stata una grande fortuna per tutti che il razzo non è esploso!

6. Ripeto che sono convinto che è tutta colpo tua!

7. Per appender la lampada lì bisogna andare a comprare qualche metro di fila.

8. È un ragazzo modello: anche gli altri dovrebbero comportarsi come lui.

9. Ce l'ho sulla punto della lingua... accidenti non riesco proprio a ricordarmene!

10. Mio nonno gode ancora die un'ottima salute.

11. Qual è lo scopa di questo tuo lungo viaggio?

12. Eravamo seduti tranquillamente, quando improvvisamente abbiamo sentito sparare un colpo: un cacciatore!

13. Ma che razzo strano di cane è questa qua?

14. Quella ragazza è una modella ben pagata.

15. Quale masso di persone si è radunata in piazza!

16. Quella donna dice di sapere leggere il palmo della mano.

17. Dopo un punto si scrive sempre maiuscolo.

18. Mi piacerebbe un sacco avere una palma nel mio giardino.

Maschile e femminile con differente significato

Frasi corrette

1. Odio di fare **la fila** alla cassa dei supermercati.

2. Allora: brindiamo alla tua **salute**!

3. Scusa, sai dov'è la scopa? Vorrei pulire il pavimento.

4. Per queste strade di montagna, viene segnalata la caduta **massi**.

5. È stata una grande fortuna per tutti che il razzo non è esploso!

6. Ripeto che sono convinto che è tutta **colpa** tua!

7. Per appender la lampada lì bisogna andare a comprare qualche metro di **filo**.

8. È un ragazzo modello: anche gli altri dovrebbero comportarsi come lui.

9. Ce l'ho sulla **punta** della lingua... accidenti non riesco proprio a ricordarmene!

10. Mio nonno gode ancora di un'ottima salute.

11. Qual è **lo scopo** di questo tuo lungo viaggio?

12. Eravamo seduti tranquillamente, quando improvvisamente abbiamo sentito sparare un colpo: un cacciatore!

13. Ma che **razza** strana di cane è questa qua?

14. Quella ragazza è una modella ben pagata.

15. Quale **massa** di persone si è radunata in piazza!

16. Quella donna dice di sapere leggere il palmo della mano.

17. Dopo un punto si scrive sempre maiuscolo.

18. Mi piacerebbe un sacco avere una palma nel mio giardino.

Maschile e femminile con differente significato

Scegliete la parola adatta

la colpa / il colpo   la fila / il filo   la massa / il masso   la modella / il modello   la palma / il palmo   la punta / il punto   la razza / il razzo   la salute / il saluto   la scopa / lo scopo

1. I giovani sono venuti in .... a sentire Vasco Rossi.

2. Che gran .... : ho vinto al lotto!

3. In questa zona, il vedere una .... non è una cosa così rara

4. Sono anni che non ricambia più il mio ....

5. Quando i bambini escono dalla scuola per andare a passeggio si mettono in .... per due.

6. Adesso, quella gigantesca nave, è solo un .... lontano

7. Accidenti! Senza volerlo ho tagliato il .... del telefono.

8. La strada era sbarrata da un .... caduto dalla montagna.

9. La .... è un attrezzo molto importante per pulire.

10. Quell'atleta è veloce come un ....

11. Quando c'è la .... c'è tutto!

12. Ma che .... di persone frequenti?

13. Il lavoro è lo .... della sua vita.

14. L'ultimo .... della Fiat è una macchina ben riuscita.

15. Dormono tutti: è meglio camminare in .... di piedi.

16. Quanti centimetri è lungo il .... della tua mano?

17. Da domani, Maria inizia a lavorare come ....

18. Quel senso di ...., non lo lascia più dormire.

Maschile e femminile con differente significato

Soluzioni e spiegazioni

1. massa 2. colpo 3. palma 4. saluto 5. fila 6. punto 7. filo
8. masso 9. scopa 10. razzo 11. salute 12. razza 13. scopo
14. modello 15. punta 16. palmo 17. modella 18. colpa

la colpa: 1. Schuld 2. Sünde *essere in colpa* schuldig sein
il colpo: 1. Schlag, Hieb 2. Schuß, Knall 3. Stoß, Aufprall 4. Ruck
5. Wurf *il colpo è riuscito* der Wurf ist geglückt

la fila: 1. Reihe, Zug 2. (coda) Schlange 3. (serie) Reihe
il filo: 1. Faden, Garn 2. (metallico) Draht 3. (conduttore) Leitung
4. Schneide 5. (svolgimento logico) Faden

la massa: 1. Masse 2. Menge, Unmenge 3. Bande 4. Gesamtheit
il masso: 1. Felsblock 2. (cosa pesante) sehr schwerer Gegenstand

la modella: 1. Modell 2. (indossatrice) Mannequin
il modello: 1. Modell, Muster, Vorlage 2. Schnittmuster, Modell
3. Vorbild 4. Typ 5. Formular, Vordruck 6. Gußform

la palma: 1. Palme 2. Handfläche 3. Schwimmhaut
il palmo: Spanne *è alto un palmo* eine Spanne hoch

la punta: 1. Spitze, Zacke, Zinke 2. Kleinigkeit 3. Höchstmaß
4. Stich, Stechen 5. (punta dei piedi) Zehenspitzen 6. Bohrer
il punto: 1. Punkt 2. Stelle 3. Absatz 4. Sache, Frage 5. Moment
6. Punkt, Note 7. Marke 8. (maglia) Masche

la razza: 1. Rasse 2. Familie, Geschlecht, Haus 3. Sippe 4. Art,
Sorte, Schlag *razza di stupido!* Was bist du doch für ein Dummkopf!
il razzo: 1. Rakete, Flugkörper *come un razzo* blitzschnell

la salute: 1. Gesundheit 2. Wohl 3. *Salute!* zum Wohl, Prost
il saluto: 1. Gruß 2. Begrüßung *distinti saluti* hochachtungsvoll

la scopa: 1. Besen 2. Kartenspiel
lo scopo: Zweck, Ziel *a che scopo?* wozu?

Maschile e femminile con differente significato

Qual è l'errore?

1. Moby Dick è un baleno famoso in tutto il mondo.

2. Telefona a Marco, arriva in una balena.

3. Gran parte degli affreschi nel cappello Sistina sono stati realizzati da Michelangelo.

4. Durante l'inverno molte persone portano le cappelle in testa.

5. Noi ci conosciamo da quando andavamo a scuola: eravamo compagni di banca.

6. Hai un conto in banco?

7. Le giraffe hanno la colla molto lunga.

8. Il mio ombrello ha la manica rotta.

9. Oggi voglio mettermi una camicia con i manici lunghi.

10. Vorrei comprare una mazza di rose rosse per Christa.

11. Gli skins hanno ferito gravemente un ragazzo con un mazzo da baseball.

12. Lei soffre molto, la sua pianta è sincero.

13. In questo giardino ci sono molti pianti ornamentali.

14. In Kuweit bruciano ancora molti pozze di petrolio.

15. Ad Orvieto c'è una famosa pozza del 16. secolo profondo circa sessanta metri: il pozzo di S. Patrizio.

16. Anni fa sono caduto dalle scale e mi sono rotto lo scapolo.

17. Dalla finestra della casa di Maria si ha un stupendo visto sul lago.

18. Per viaggiare nei paesi dell'est non è più necessario la vista.

Maschile e femminile con differente significato

Frasi corrette

1. Moby Dick è **una balena** famosa in tutto il mondo.

2. Telefona a Marco, arriva in **un baleno**.

3. Gran parte degli affreschi nella **cappella** Sistina sono stati realizzati da Michelangelo.

4. Durante l'inverno molte persone portano **i cappelli** in testa.

5. Noi ci conosciamo da quando andavamo a scuola: eravamo compagni di **banco**.

6. Hai un conto in **banca**?

7. Le giraffe hanno **il collo** molto lungo.

8. Il mio ombrello ha **il manico** rotto.

9. Oggi voglio mettermi una camicia con **le maniche lunghe.**

10. Vorrei comprare **un mazzo** di rose rosse per Christa.

11. Gli skins hanno ferito gravemente un ragazzo con **una mazza** da baseball.

12. Lei soffre molto, **il suo pianto** è sincero.

13. In questo giardino ci sono **molte piante** ornamentali.

14. In Kuweit bruciano ancora molti **pozzi** di petrolio.

15. Ad Orvieto c'è **un famoso pozzo** del 16. secolo profondo circa sessanta metri: il pozzo di S. Patrizio.

16. Anni fa sono caduto dalle scale e mi sono rotto **la scapola**.

17. Dalla finestra della casa di Maria si ha una stupenda **vista** sul lago.

18. Per viaggiare nei paesi dell'est non è più necessario **il visto**.

Maschile e femminile con differente significato

Qual è la forma sbagliata?

1a. Il tempo era bello, poi in una balena ha iniziato a piovere.
1b. Si deve proibire immediatamente lo sterminio delle balene.

2a. Questo è la cappella in cui pregava il cardinale Farnese.
2b. Il cappello è tutto ciò che è rimasto di questa straordinaria chiesa.

3a. Prima di perdere il portafoglio mi sono seduto sopra questa banca.
3b. Le panche sono tutte occupate da gente che legge.

4a. Hermann ha la testa piccola e la colla lunga.
4b. Questi fogli sono stati attaccati con la colla.

5a. La manica del vaso si è rotto durante il trasporto.
5b. Questo maglione ha una manica più lunga dell'altra.

6a. Questi sono le mazze di fiori che ho ricevuto in regalo per il mio compleanno.
6b. Qui il martello non è sufficiente, ci vuole una mazza.

7a. Giusy è una donna dal pianta facile.
7b. Qui la vegetazione è costituita soprattutto da piante sempre-verdi.

8a. Sono caduto in una pozza d'acqua e mi sono sporcato le scarpe di fango.
8b. Mio fratello ha lavorato per molti anni in una pozza petrolifero in Arabia Saudita.

9a. Lei è sposato?
No, sono scapola.
9b. La scapola è un osso abbastanza duro.

10a. Quanto tempo occorre per farsi dare la vista dal consolato?
10b. Dal mio punto di vista la situazione è molto chiara!

Maschile e femminile con differente significato

1a. 2b. 3a. 4a. 5a. 6a. 7a. 8b. 9b. 10a.

la balena: Walfisch   *grasso di balena* Walfett
il baleno: Blitz, blitzschnell   *in un baleno* im Nu

la banca: Bank   *banca di commercio* Handelsbank
il banco: 1. Sitzbank, Bank   2. Ladentisch, Theke, Stand

la cappella: Kapelle   *cappella gentilizia* Familienkapelle
il cappello: Hut   *mettersi il cappello* den Hut aufsetzen

la colla: Klebstoff, Leim, Kleister   *attaccarsi come la colla* sich wie eine Klette an jemanden hängen
il collo: Hals   *buttarsi al collo di qualcuno* jemandem um den Hals fallen   *rompersi il collo* sich das Genick brechen

la manica: Ärmel   *in maniche di camicia* in Hemdsärmeln   *essere di manica larga* nachsichtig sein
il manico: Henkel, Griff   *manico di scopa* Besenstiel

la mazza: Stock, Stab, Schläger
il mazzo: Bündel, Bund   *mazzo di chiavi* Schlüsselbund

la pianta: 1. Pflanze   2. Grundriß, Plan, Zeichnung, Karte
il pianto: das Weinen, Tränen

la pozza: Lache, Pfütze   *una pozza di sangue* eine Blutlache
il pozzo: Brunnen, Grube   *pozzo petrolifero* Erdöl

la scapola: Schulterblatt
lo scapolo: Junggeselle

la vista: Blick, Sicht, Sehkraft, Augenlicht   *vista debole* schwache Augen   *a prima vista* auf den ersten Blick
il visto: Visum, Sichtvermerk   *visto d'entrata* Einreisevisum   *visto d'uscita* Ausreisevisum   *visto di soggiorno* Aufenthaltssichtvermerk

Raddoppiamento di consonante

Qual è l'errore?

1. Questa serra ho un appuntamento importante.

2. Abita in una cassa in mezzo al bosco, ma senza i sette nani.

3. Senza ascensore… abita al nonno piano: uffa quante scale!

4. Marcello e Luisa sono una copia molto simpatica.

5. Era troppo piccante: adesso ho una sette terribile!

6. Mio nono racconta spesso della sua gioventù.

7. In questa zona c'è una sera dopo l'altra: coltivano pomodori.

8. Penso di rimanere qui per sete mesi.

9. Purtroppo ci sono troppe persone senza casa.

10. Devo andare dal parrucchiere per farmi tagliare i cappelli.

11. È ridicolo che un uomo corre dietro al suo cappello con i capelli al vento.

12. È una persona senza seno, altrimenti non avrebbe fatto quella stupidaggine!

13. Per questo stradone di campagna passano ancora molti carri.

14. Accidenti! Proprio adesso… la mia penna non scrive più!

15. La mamma ha stretto il figlioletto al proprio seno.

16. Mio caro amico, come stai? Io sto bene e anche il tempo è molto bello.

17. Bambini, non giocate a pala in mezzo alla strada!

18. La malattia di Pietro è una grande penna per tutta la famiglia.

Raddoppiamento di consonante

Frasi corrette

1. Questa **sera** ho un appuntamento importante.

2. Abita in una **casa** in mezzo al bosco, ma senza i sette nani.

3. Senza ascensore… abita al **nono** piano: uffa quante scale!

4. Marcello e Luisa sono una **coppia** molto simpatica.

5. Era troppo piccante: adesso ho una **sete** terribile!

6. Mio **nonno** racconta spesso della sua gioventù.

7. In questa zona c'è una **serra** dopo l'altra: coltivano pomodori.

8. Penso di rimanere qui per **sette** mesi.

9. Purtroppo ci sono troppe persone senza casa.

10. Devo andare dal parrucchiere per farmi tagliare i **capelli**.

11. È ridicolo che un uomo corre dietro al suo cappello con i capelli al vento.

12. È una persona senza **senno**, altrimenti non avrebbe fatto quella stupidaggine!

13. Per questo stradone di campagna passano ancora molti carri.

14. Accidenti! Proprio adesso… la mia penna non scrive più!

15. La mamma ha stretto il figlioletto al proprio seno.

16. Mio caro amico, come stai? Io sto bene e anche il tempo è molto bello.

17. Bambini, non giocate a **palla** in mezzo alla strada!

18. La malattia di Pietro è una grande **pena** per tutta la famiglia.

Raddoppiamento di consonante

Scegliete la parola adatta

il capello/il cappello   caro/il carro   la casa/la cassa   la copia/la coppia   nono/il nonno   la pala/la palla   la pena/la penna   il seno/il senno   la sera/la serra   la sete/sette

1. Mio .... è un uomo di settant'anni.

2. Vado via per .... giorni, ciao!

3. Ho ...., mi dai un bicchiere d'acqua?

4. Mia nonna ha tutti i .... bianchi.

5. Quest'orologio è troppo ...., ne vorrei un altro più a buon mercato.

6. Ho passato il fine-settimana nella mia .... al mare.

7. Di giorno non è mai in casa: lavora dalla mattina alla ....

8. Preferisci scrivere a macchina da scrivere o con la ....?

9. Quel bambino mi fa una gran ....: ha perduto i genitori.

10. Porta il .... per non fare vedere che si è tagliato i capelli a zero.

11. I bambini sono scappati perché hanno rotto un vetro con la ....

12. Carnevale! Oggi c'è una sfilata di .... allegorici.

13. I pomodori di .... non sanno di niente.

14. Mette la pizza nel forno con la ....

15. È altissima la percentuale delle donne che hanno il cancro al ....

16. Pio .... è stato il papa che ha firmato il concordato con il re Vittorio Emanuele primo.

17. Hanno rapinato la .... del supermercato di fronte a casa mia.

41

Raddoppiamento di consonante

Soluzioni e spiegazioni

1. nonno   2. sette   3. sete   4. capelli   5. caro   6. casa   7. sera
8. penna   9. pena   10. cappello   11. palla   12. carri   13. serra
14. pala   15. seno   16. nono   17. cassa

il capello: Haar, Kopfhaar
il cappello: Hut

caro: 1. lieb, teuer   2. (gradito) angenehm, beliebt   3. (prezioso) wertvoll, teuer   4. (amabile) liebenswert   5. (di prezzo) teuer
il carro: 1. Wagen, Karren   2. Waggon

la casa: 1. Haus, Heim, Wohnung   2. Dynastie
la cassa: 1. Kiste, Kasten   2. Geldschrank, Kasse   3. Krankenkasse   4. (da morto, bara) Sarg   5. (grancassa) große Trommel

la copia: 1. Abschrift, Kopie   2. Wiedergabe   3. Abbild, Abdruck   4. Durchschlag
la coppia: Paar, Doppel

nono: Neunte, Neuntel
il nonno: 1. Großvater   2. (persona anziana) alter Mann

la pala: 1. Schaufel, Schippe   2. Ruderblatt
la palla: 1. Ball   2. (proiettile) Kugel, Geschoß

la pena: 1. Strafe, Bestrafung   *mitigare una pena* eine Strafe mildern   2. (afflizione) Kummer, Leid   3. (compassione) Mitleid
la penna: 1. Feder   2. Schreibfeder, Kugelschreiber

il seno: 1. Busen, Brust   2. (grembo) Schoß   3. Bucht
il senno: 1. Vernunft, Verstand   *perdere il senno* den Verstand verlieren   2. (sensatezza) Verständigkeit

la sera: Abend   *si fa sera* es wird Abend
la serra: 1. Gewächshaus, Treibhaus   2. (briglia) Barre

la sete: 1. Durst   2. (desiderio) Verlangen   *sete di giustizia* Verlangen nach Gerechtigkeit
sette: sieben   *sono appena le sette* es ist gerade sieben Uhr

Raddoppiamento di consonante

Qual è l'errore?

1. Una strada senza neanche una dona è la cosa più malinconica che si possa immaginare.

2. Ieri sonno stato in un locale interessante.

3. Secondo me, tu ti arrabbi troppo speso.

4. Qual è quest'anno la metta del tuo viaggio?

5. Lui le donna molti regali costosissimi.

6. Lo metta qui, per favore.

7. È difficile trovare l'acceso a questa costruzione.

8. La tua casa è molto bella, però penso che hai spesso troppi soldi per l'arredamento.

9. In questa stanza fa molto freddo! Perché non hai acceso la stufa?

10. Basta ho troppo sono, vado a letto, buona notte!

11. Si dice che non si possa fare nulla contro il fato.

12. Stasera mangio un pollo leso.

13. Luigi si è stesso sul divano.

14. Questo accetto aromatico da un sapore squisito all'insalata.

15. È arrabbiatissima! Ma che cosa le hai fatto?

16. Vorrei incontrarti oggi stesso, uguale dove.

17. Allora, accetti la mia proposta o preferisci fare qualcos'altro?

18. No, mi dispiace, ma non si fa così: hai leso il suo onore.

Raddoppiamento di consonante

Frasi corrette:

1. Una strada senza neanche una **donna** è la cosa più malinconica che si possa immaginare.

2. Ieri **sono** stato in un locale interessante.

3. Secondo me, tu ti arrabbi troppo **spesso**.

4. Qual è quest'anno la **meta** del tuo viaggio?

5. Lui le **dona** molti regali costosissimi.

6. Lo metta qui, per favore.

7. È difficile trovare l'**accesso** a questa costruzione.

8. La tua casa è molto bella, però penso che hai **speso** troppi soldi per l'arredamento.

9. In questa stanza fa molto freddo! Perché non hai acceso la stufa?

10. Basta ho troppo **sonno**, vado a letto, buona notte!

11. Si dice che non si possa fare nulla contro il fato.

12. Stasera mangio un pollo **lesso**.

13. Luigi si è **steso** sul divano.

14. Questo **aceto** aromatico da un sapore squisito all'insalata.

15. È arrabbiatissima! Ma che cosa le hai fatto?

16. Vorrei incontrarti oggi stesso, uguale dove.

17. Allora, accetti la mia proposta o preferisci fare qualcos'altro?

18. No, mi dispiace, ma non si fa così: hai leso il suo onore.

Raddoppiamento di consonante

Scegliete la parola adatta

acceso/l'accesso   l'aceto/accetto   dona/la donna   il fato/il fatto
leso/lesso   la meta/metta   sono/il sonno   speso/spesso   steso/
stesso

1. Buona notte! Vado a letto perché ho un .... tremendo!

2. In questo bar sono tutti uomini, non si vede una ....

3. Mio fratello è molto cambiato, non è più lo ....

4. Perché hai .... la televisione?

5. Il .... è che sono proprio stufo di questa situazione.

6. Lo vedo .... di sera, quando vado al bar.

7. Vuoi un po' d' .... nell'insalata?

8. Il rosso di questo vestito non ti ....

9. Quanto sangue! Si è .... tagliando le patate.

10. Il .... è un tipo di destino pessimista.

11. Quando sono arrivato a casa sua era ancora .... sul letto.

12. Qualche volta una persona, che vive in un paese straniero, si chiede: «Chi .... io?»

13. Quanto hai .... per le tue vacanze in Italia?

14. Gli uomini hanno una nuova ....: vogliono arrivare su Marte!

15. Tutti questi nuovi problemi hanno reso più difficile l' .... all'università.

16. Questa scusa è ridicola: mi dispiace ma non l' ....!

17. Sergio è cotto .... di Arianna.

18. Gli ho detto che è meglio che lui .... ordine alla sua vita disordinata.

Raddoppiamento di consonante

Soluzioni e spiegazioni

1. sonno   2. donna   3. stesso   4. acceso   5. fatto   6. spesso
7. aceto   8. dona   9. leso   10. fato   11. steso   12. sono   13. speso
14. meta   15. accesso   16. accetto   17. lesso   18. metta

l'accesso: 1. Zugang, Zutritt, Zufahrt   2. (ingresso) Eingang, Eintritt
3. Anfall   *accesso di tosse* Hustenanfall
acceso: Partizip Perfekt von *accendere* anzünden, anschalten

l'aceto: Essig   *aceto di vino* Weinessig
accetto: erste Person Singular Präsens von *accettare* annehmen

la donna: 1. Frau   2. (moglie) Ehefrau   3. (amante) Geliebte
dona: dritte Person Singular Präsens von *donare* schenken

il fato: 1. Schicksal   2. (sorte) Los, Schicksal
il fatto: 1. Ereignis, Vorfall   2. Tat   3. (fenomeno) Erscheinung
4. Angelegenheit   5. Tatsache   6. Geschichte, Handlung   7. (argomento) Gegenstand, Sache, Thema   8. gemacht, getan, geschaffen, fertig, bereit

leso: 1. geschädigt   2. (ferito) verletzt   3. rissig
lesso: gekocht, gesotten

la meta: 1. Ziel   *senza meta* ziellos   2. (traguardo: nello sport) Ziel, Mal
metta: dritte Person Singular Präsens von *mettere* setzen, stellen, legen

il sonno: 1. Schlaf   2. (riposo) Ruhe, Schlaf
sono: erste Person Singular Präsens von *essere* sein

speso: Partizip Perfekt von *spendere* ausgeben
spesso: 1. dick, dickflüssig   2. (fitto) dicht   3. (grosso) dick, stark
4. (frequente) häufig, oft

steso: Partizip Perfekt von *stendere*   1. ausgestreckt   2. aufgehängt
3. (allargato) ausgebreitet
stesso: 1. derselbe, (uguale) der gleiche   2. selbst, auch, sogar   *tua madre stessa era là* selbst deine Mutter war dort

Con alcune lettere differenti

Qual è l'errore?

1. È difficile arrivare in centro: ci sono troppe strade a senso unico.

2. Puro avendo molto da fare, è uscito con gli amici.

3. È stato qui un'ora senso dire una sola parola.

4. Rosario è il più alto di tutti noi.

5. L'uomo ha cinque sensi: la vista, l'udito, il tatto, l'olfatto, il gusto.

6. Il bambino ha bevuto mezzo bicchiere di vino puro.

7. È un modo come un altro per fare denaro.

8. Oggi è possibile visitare Villa Lante senza pagare: l'ingresso è libero.

9. Sono stanco di guidare, facciamo una pausa nella prossima aria di servizio.

10. Questo quadro è una vera opera d'arto.

11. Vado matto per i libri gialli.

12. Finalmente in montagna: che area pura!

13. Ha avuto una frattura ad un arte molto importante: al braccio destro.

14. Te l'ho detto mille volte!

15. Il PDS ha ancora molti problemi interni.

16. Il figlio di Rosanna ha nuovo anni.

17. Il ragazzo paga il biglietto interno?

18. La cena era buona, ma troppo cara: novanta mille lire.

19. Fra poco incominceremo a bere il vino nove.

Con alcune lettere differenti

1. È difficile arrivare in centro: ci sono troppe strade a senso unico.

2. **Pure** avendo molto da fare, è uscito con gli amici.

3. È stato qui un'ora **senza** dire una sola parola.

4. Rosario è il più alto di tutti noi.

5. L'uomo ha cinque sensi: la vista, l'udito, il tatto, l'olfatto, il gusto.

6. Il bambino ha bevuto mezzo bicchiere di vino puro.

7. È un modo come un altro per fare denaro.

8. Oggi è possibile visitare Villa Lante senza pagare: l'ingresso è libero.

9. Sono stanco di guidare, facciamo una pausa nella prossima **area** di servizio.

10. Questo quadro è una vera opera d'**arte**.

11. Vado matto per i libri gialli.

12. Finalmente in montagna: che **aria** pura!

13. Ha avuto una frattura ad un **arto** molto importante: al braccio destro.

14. Te l'ho detto mille volte!

15. Il PDS ha ancora molti problemi interni.

16. Il figlio di Rosanna ha **nove** anni.

17. Il ragazzo paga il biglietto **intero**?

18. La cena era buona, ma troppo cara: novanta **mila** lire.

19. Fra poco incominceremo a bere il vino **nuovo**.

Con alcune lettere differenti

Scegliete la parola adatta

alto / altro   l'area / l'aria   l'arte / l'arto   l'interno / intero   il libro / libero   mille / mila   nove / nuovo   pure / puro   il senso / senza

1. Ha pubblicato un .... che tratta di telecinesi.

2. Ha dedicato tutta la sua vita all' .... soprattutto alla musica.

3. Gioca a calcio con il ruolo di ....

4. Erano .... gli uomini di Garibaldi.

5. Tutto il film è stato girato nell' .... di Villa Lante.

6. Mi sono trasferito in Italia .... anni fa.

7. Parli molto difficile: non riesco a capire .... di quello che dici.

8. L' .... ieri i giornali non sono usciti!

9. Scusi, può cambiarmi questa banconota da cento ....?

10. Hai una sigaretta .... filtro?

11. Hanno aperto un .... locale in via Diaz.

12. Ma questa bevanda è alcool ....!

13. Si è mangiato un pollo .... tutto da solo.

14. È stata decisiva quella punizione nell' .... di rigore!

15. Sai quanto è .... il campanile di Giotto?

16. Ha avuto un brutto incidente: ha perso gli .... inferiori.

17. Quanto fumo! Apriamo la finestra per fare cambiare l' ....?

18. Ma la prego, non faccia complimenti, mangi ....!

Con alcune lettere differenti

1. libro   2. arte   3. libero   4. mille   5. interno   6. nove   7. senso
8. altro   9. mila   10. senza   11. nuovo   12. puro   13. intero
14. area   15. alto   16. arti   17. aria   18. pure

alto: 1. hoch   2. (di statura) groß, lang   3. (acuto) hoch   *note alte* hohe Noten, (forte) laut   4. (settentrionale) Ober-, Nord-: *Alta Italia*
5. (profondo) tief: *l'acqua è alta cinque metri*
altro: 1. anderer   2. (opposto)   *sull'altra riva* am anderen Ufer

l'area: 1. Fläche, Oberfläche   2. Gebiet, Raum, Zone
l'aria: 1. Luft   2. (l'aspetto) Aussehen   3. Arie

l'arte: 1. Kunst   2. Handwerk   3. Kunstfertigkeit
l'arto: Glied   *arto artificiale* künstliches Glied

l'interno: das Innere   *all'interno e all'estero* im In- und Ausland
intero: 1. ganz, (completo) vollständig   2. (non rotto) heil

libero: 1. frei   2. (indipendente) unabhängig
il libro: Buch

mille: tausend   *ti faccio mille scuse* ich bitte dich tausendmal um Entschuldigung
mila: tausend   *duemila, tremila, quattromila*

nove: 1. neun   2. neunte   *oggi è il nove* heute ist der Neunte
nuovo: neu

pure: 1. auch   2. (inoltre) ferner, weiterhin   3. (eppure) dennoch, immerhin   4. (perfino) selbst, sogar   5. (forse) womöglich, vielleicht
6. bloß, doch   *si sieda pure* setzen Sie sich doch
puro: 1. rein, pur   2. (limpido) klar, rein   3. (corretto) sauber, korrekt   *in purissimo italiano* in reinstem Italienisch

il senso: 1. Empfinden, Empfindungsvermögen   2. (organi di senso) Sinnesorgane   3. (coscienza) Bewußtsein, Besinnung   *perdere i sensi* das Bewußtsein verlieren   4. (appetiti fisici) sinnliche Begierde
5. (significato) Bedeutung   6. (direzione) Richtung
senza: 1. ohne   2. (oltre) außer, abgesehen von

Pronomi e particelle

Qual è l'errore?

1. Sandra è l'insegnante chi mi ha insegnato l'italiano.

2. Che non vuole venire al mare?

3. Giovanni, con che stavi parlando al telefono?

4. A ci dedichi questa bella canzone?

5. Questo è il ristorante chi mi piace un sacco.

6. Che cosa ti ha fatto per essere così arrabbiata?

7. A che scrivi questa lettera?

8. Da che abiti quando sei in vacanza a Genova?

9. Per chi lavori così tanto?

10. Quante belle fotografie! Ce ne puoi dare qualcuna?

11. Quella è la signora di qui ti ho parlato ieri.

12. Ma è Marisa la donna con cui ho passato la serata!

13. Non capisco perché non vuoi venire qui!

14. Non vedo un motivo per qui potrei abitare qui.

15. Italo Calvino è lo scrittore chi ci piace di più.

Pronomi e particelle

Frasi corrette

1. Sandra è l'insegnante **che** mi ha insegnato l'italiano.

2. **Chi** non vuole venire al mare?

3. Giovanni, con **chi** stavi parlando al telefono?

4. A **chi** dedichi questa bella canzone?

5. Questo è il ristorante **che** mi piace un sacco!

6. Che cosa ti ha fatto per essere così arrabbiata?

7. A **chi** scrivi questa lettera?

8. Da **chi** abiti quando sei in vacanza a Genova?

9. Per chi lavori così tanto?

10. Quante belle fotografie! Ce ne puoi dare qualcuna?

11. Quella è la signora di **cui** ti ho parlato ieri.

12. Ma è Marisa la donna con cui ho passato la serata!

13. Non capisco perché non vuoi venire qui!

14. Non vedo un motivo per **cui** potrei abitare qui.

15. Italo Calvino è lo scrittore **che** ci piace di più.

Pronomi e particelle

Scegliete la parola adatta

che   chi   ci   ce   cui   qui

1. In questa regione .... sono molti tipi di vini.

2. Ero appena arrivato a casa .... lui telefonò.

3. Non conosco bene suo fratello, puoi dirmi .... tipo è?

4. Mi domando .... stia programmando il governo.

5. Dice di conoscere tutta la storia, ma io non .... credo.

6. Ma da .... hai saputo questa stupidaggine?

7. È l'attore di .... s'innammorano tutte le ragazze.

8. Ho deciso che non verrò mai più ....

9. Domani faccio una gita. .... vieni anche tu?

10. Io mi siedo più avanti, da .... non sento niente.

11. L'industriale .... ha più da dire è Agnelli.

12. A .... potrei telefonare per avere un po' di compagnia.

13. È lui il cantante .... vende più dischi in Italia.

14. Ecco le scarpe .... ho comprato ieri.

15. Non mi ero accorto che il libro era ...., vicino a me.

16. Allora, ... la vuoi dire la verità?

Pronomi e particelle

Soluzioni e spiegazioni

1. ci   2. che   3. che   4. che   5. ci   6. chi   7. cui   8. qui   9. ci
10. qui   11. che   12. chi   13. che   14. che   15. qui   16. ce

che: 1. der, die, das: *il ragazzo che legge, la ragazza che legge, i ragazzi che leggono, le ragazze che leggono*   2. was, was für ein: *che hai detto, che tipo è?*   3. welcher, welche, welches: *che macchina vuoi comprare?* (bezieht sich auf die Qualität, welche in einer bekannten Gruppe hieße quale)

chi: welcher, welche, welches (bezogen auf Lebewesen) *chi, è, il, più, bello, della, città?*

ci: 1. davon: *ci pensi?*, dorthin: *vado a Milano, ci vieni?*, es gibt: *ci sono molte cose*   2. uns: *quando ci fate entrare?, quando ci telefonate?, ci siamo visti ieri*
ce: uns (anstelle von *ci*, wenn ein Akkusativpronomen folgt): *ce lo compriamo un gelato?*

cui: der, die, das (mit Präposition)   *il ragazzo di cui ti parlo, la donna a cui penso, la persona da cui abito, la regione in cui abito, l'aereo con cui viaggio, il treno su cui siamo, il motivo per cui parto, le persone tra cui siedo*

qui: hier, da   *è lontano? – no, è qui vicino*

Errori vari

Qual è l'errore?

1. Non so qualche abito mettere per questa sera.

2. È tuo questo zaino vicino a te?

3. Quale di questi due libri vuoi leggere prima?

4. Prendi questo che vuoi: questo o quello.

5. Di quando tempo hai bisogno per finire questo lavoro?

6. Ho ancora quale dubbio che tua sorella arrivi domani.

7. Penso che «di, a, da» siano le proposizioni più difficili da usare.

8. Accidenti! Mi sono fatto male al piede!

9. L'hanno ricoverato in ospedale: ha avuto un brutto accidenti d'auto.

10. «Tra e A» non sono proposizioni ma preposizioni.

11. Ogni volta che la incontro mi mostra tutto il suo affatto.

12. È un uomo che fa molti complementi alle donne.

13. I Paesi dell'Est si sono resi indipendenti da Mosca.

14. Sempre più persone vengono dall'Oriente verso l'Europa dell'-ovest.

15. Questa storia non mi piace affatto.

16. Nella frase: «Giovanni mangia gli spaghetti», gli spaghetti sono un complimento oggetto.

17. La metà del mio stipendio va via per pagare l'affetto dell'appartamento.

Errori vari

Frasi corrette

1. Non so **quale** abito mettere per questa sera.

2. È tuo **quello** zaino vicino a te?

3. Quale di questi due libri vuoi leggere prima?

4. Prendi **quello** che vuoi: questo o quello.

5. Di **quanto** tempo hai bisogno per finire questo lavoro?

6. Ho ancora **qualche** dubbio che tua sorella arrivi domani.

7. Penso che «di, a, da» siano le **preposizioni** più difficili da usare.

8. Accidenti! Mi sono fatto male al piede!

9. L'hanno ricoverato in ospedale: ha avuto un brutto **incidente** d'auto.

10. «Tra e A» non sono proposizioni ma preposizioni.

11. Ogni volta che la incontro mi mostra tutto il suo **affetto**.

12. È un uomo che fa molti **complimenti** alle donne.

13. I Paesi dell'Est si sono resi indipendenti da Mosca.

14. Sempre più persone vengono dall'Oriente verso l'Europa dell'-ovest.

15. Questa storia non mi piace affatto.

16. Nella frase: «Giovanni mangia gli spaghetti», gli spaghetti sono un **complemento** oggetto.

17. La metà del mio stipendio va via per pagare l'**affitto** dell'appar-tamento.

Errori vari

Scegliete la parola adatta

accidenti / l'incidente   l'affitto / l'affetto / affatto   complemento / il complimento   l'est / l'ovest   la preposizione / la proposizione   qualche / quale   quanto / quando   questo / quello

1. Dimmi per favore, ... mi verrai a trovare.

2. A nord c'è il Settentrione, a sud il Meridione, a .... l'Oriente, ad ovest l'Occidente.

3. Questo è per cose vicine a chi parla e .... per le cose lontane da chi parla e da chi ascolta.

4. «Di, A, Da»: quale sarà la .... adatta?

5. Se continui a fargli un .... dopo l'altro diventerà ancora più vanitoso.

6. Dai saluti di una lettera per il padre: «...con ...., tuo figlio Alessandro.»

7. A causa di un .... c'è un ingorgo sull'Autostrada del sole.

8. .... sei stupido! Ma quante volte te lo devo ripetere?

9. .... volta si dicono cose senza senso.

10. ....! Non avrei mai creduto che fosse così bugiardo!

11. In una frase, spesso, dopo il verbo mangiare segue un .... oggetto.

12. Le lunghe .... di Cicerone sono famose.

13. Ma per .... ragione sarà venuto in questo paese abbandonato da Dio?

14. «Vuoi mangiare qualcosa?» No, grazie non ho .... fame.

15. Ha dato in .... la sua casa ai turisti.

16. Aumenta sempre di più l'emigrazione dall'est all'................

17. ....'anno fa particolarmente caldo!

57

Errori vari

1. quando   2. est   3. quello   4. preposizione   5. complimento
6. affetto   7. incidente   8. quanto   9. qualche   10. accidenti
11. complemento   12. proposizioni   13. quale   14. affatto   15. affitto   16. ovest   17. questo

accidenti: verwünscht, verflixt
l'incidente: 1. Unfall, Unglück   2. (contrattempo) Zwischenfall

l'affitto: Miete, Pacht   *dare in affitto* vermieten   *prendere in affitto* mieten
l'affetto: 1. Zuneigung   2. Liebe   3. (sentimento) Gefühl
affatto: 1. gänzlich, vollständig, durchaus   2. *niente affatto* überhaupt nicht, gar nicht: *hai fame? – niente affatto*

il complemento: 1. Ergänzung   2. Objekt   3. Reserve
il complimento: 1. Kompliment, Schmeichelei   2. Glückwunsch
3. Umstände   4. Empfehlung: *faccia i complimenti a Sua moglie* meine Empfehlungen an Ihre Frau

l'est: Osten
l'ovest: Westen

quanto: 1. wieviel, wie lange   2. was für ein: *quanto fracasso* was für ein Lärm   3. so viel: *puoi mangiare quanto pane vuoi* du kannst so viel Brot essen, wie du willst   4. (tutti quelli che) alle, die
5. wie: *forte quanto un toro* stark wie ein Stier   6. ebenso… wie (tanto… quanto)
quando: 1. wann   2. als, wenn, an dem   3. jedesmal   4. wenn, falls

qualche: 1. einige   2. (un certo) ein gewisses: *lui gode di qualche considerazione* er genießt ein gewisses Ansehen
quale: 1. welcher   2. was für ein   3. der, welcher

questo: 1. dieser, der, der da
quello: 1. jener, der dort   2. solch, derartig

la preposizione: Präposition, Verhältniswort
la proposizione: 1. Satz   2. Urteil, Aussage

Parte seconda:
Errori di traduzione

Verbo o verbo

Qual è l'errore?

1. Sandra gioca la chitarra veramente bene!

2. A dir la verità questo film mi dispiace.

3. Ciao Marco, che piacere rivederti, come vai, stai bene?

4. Quali lingue straniere puoi parlare bene?

5. In quella piazza è un bar veramente carino!

6. Quando sei finito, puoi telefonarmi?

7. Io visito l'università a Berlino.

8. Gigi va a trovarmi domani.

9. Vuoi un bicchiere di vino? — No grazie, non amo il vino.

10. Quando Luca ha visto Gianna per la prima volta, l'ha amata subito.

11. In estate la gente non visita mai il cinema perché fa troppo caldo.

12. Ieri ho visto un film, ma mi è dispiaciuto.

13. Al mare Patrizia non ha nuotato.

14. Loro lavorano da lunedì a venerdì e il fine settimana hanno libero.

15. Marco ha detto che va da te la prossima settimana: se non ci sei è meglio che gli telefoni prima.

16. Prendo un gelato alla crema perché quelli alla frutta mi dispiacciono.

Verbo o verbo

Frasi corrette

1. Sandra **suona** la chitarra veramente bene!

2. A dir la verità questo film **non mi piace**.

3. Ciao Marco, che piacere rivederti, **come va**, stai bene?

4. Quali lingue straniere **sai** parlare bene?

5. In quella piazza **c'è** un bar veramente carino!

6. Quando **hai finito**, puoi telefonarmi?

7. Io **frequento** l'università a Berlino.

8. Gigi **viene** a trovarmi domani.

9. Vuoi un bicchiere di vino? – No grazie, non **mi piace** il vino.

10. Quando Luca ha visto Gianna per la prima volta, gli **è piaciuta** subito.

11. In estate la gente non **va** molto al cinema perché fa troppo caldo.

12. Ieri ho visto un film, ma non mi **è piaciuto**.

13. Al mare Patrizia non ha **fatto il bagno**.

14. Loro lavorano da lunedì a venerdì e il fine settimana **sono liberi**.

15. Marco ha detto che **viene da** te la prossima settimana: se non ci sei è meglio che gli telefoni prima.

16. Prendo un gelato alla crema perché quelli alla frutta non mi **piacciono**.

Verbo o verbo

Qual è la forma sbagliata:

amare / piacere   andare / venire   avere / essere   come vai / come va
è / c'è   giocare / suonare   nuotare / fare il bagno   piacere / dispiacere   potere / sapere   visitare / frequentare

1a. Ogni martedì gioco il sassofono con Uli.
1b. Ogni martedì dopo aver suonato il sassofono vado a giocare a tennis.

2a. Se la minestra ti dispiace, mangia un'altra cosa.
2b. Mi dispiace, ma stasera non posso venire.

3a. Sicuramente conosci qualcuno che può l'italiano.
3b. I miei amici sanno tutti l'italiano.

4a. Lui non c'è la persona di cui ti parlavo.
4b. Qui non c'è nessuno che sia originale.

5a. Avete finito di raccontare idiozie?
5b. Siete finiti di raccontare idiozie?

6a. Una volta visitavo spesso questo locale.
6b. Quando vieni a visitarci la prossima volta?

7a. Vorrei andarti a trovare giovedì.
7b. Vorrei venire a trovarti giovedì.

8a. Quella è una donna che ho amato molto!
8b. Non ho amato le cose che ho mangiato e bevuto.

9a. Non mi dispiace l'idea di incontrare Sabine.
9b. Il caffè corretto mi dispiace.

10a. Potete andare da me la prossima settimana?
10b. Potete venire da me la prossima settimana?

11a. Ho una matta voglia di fare un bagno nel lago!
11b. Vengo anch'io in spiaggia, ma non nuoto, prendo solo una bella tintarella.

12a. Parti? Vai in treno o ti fidi ancora della tua vecchia macchina?
12b. Ciao Giulio! Che piacere rivederti, come vai?

Verbo o verbo

Soluzioni e spiegazioni

1a. 2a. 3a. 4a. 5b. 6a. 7a. 8b. 9b. 10a. 11b. 12b.

amare: lieben   *Romeo ama Giulietta.*
piacere: gefallen   *mi piace il vino; ci piacciono gli spaghetti*

andare: gehen   *Maria va alla festa di Luigi; io vado a trovare* (besuchen) *Giorgio*
venire: kommen   *Luisa viene alla mia festa; tu mi vieni a trovare* (besuchen)

avere finito: beendet haben
essere finito: erledigt sein

avere libero: frei haben, übrig haben   *hai un'ora libera per me, domani?*
essere libero: frei sein, zur freien Verfügung stehen   *il fine settimana sono libero*

come vai?: wie fährst du?   *vai in treno?*
come va? (come stai?): wie geht es dir?

è: er/sie/es ist
c'è/ci sono: es gibt/da sind (una cosa/molte cose)

giocare: ein Spiel spielen   *giocare a tennis, a carte, a pallone*
suonare: ein Instrument spielen

nuotare: schwimmen   *molti italiani non sanno nuotare*
fare il bagno: baden   *faccio il bagno solo se il mare è pulito*

non mi piace: mir mißfällt (una cosa/una persona)
mi dispiace: mir tut es leid   *mi dispiace che tu stai male; mi dispiace, è colpa mia*

sapere parlare: in diesem Fall entspricht *sapere* (wissen) dem deutschen «können»

visitare: besuchen   *visitare un malato, i genitori*
frequentare: häufig aufsuchen, verkehren mit

Verbo o verbo

Qual è l'errore?

1. Per andare al lavoro, normalmente prendo l'autobus, ma quando fa bel tempo cammino.

2. Il tuo lavoro fa malati.

3. Mi puoi prendere in macchina domani mattina?

4. Ho fatto la bottiglia sul tavolo.

5. Molti anni fa mi sono occupato con la politica.

6. Che lavoro fai? – Mi occupo con la pubblicità.

7. Il caffè fa nervosi.

8. Marina ritorna a casa tutti i giorni in piedi.

9. Giuseppe ha parlato che viene domani.

10. Sei riuscito a raggiungere Mara? – No, però penso di rintracciarla stasera per telefono.

11. Ti prego di raggiungere Giuseppe per telefono oggi stesso, è molto urgente!

12. Non fa senso partire subito!

13. Pensi che faccia senso parlare di questo? – No, non credo che abbia senso.

14. Tu dici cose che non fanno senso.

15. Mi puoi esplicare il tuo comportamento, per favore?

16. Ultimamente ho lavorato molto per l'università.

17. Faccio questa strada da molti anni, ma non avevo mai avuto di trovare tutto questo traffico.

Verbo o verbo

1. Per andare al lavoro, normalmente prendo l'autobus, ma quando fa bel tempo **vado a piedi**.

2. Il tuo lavoro **rende** malati.

3. Mi puoi **dare un passaggio** in macchina domani mattina?

4. Ho **messo** la bottiglia sul tavolo.

5. Molti anni fa mi sono **occupato di** politica.

6. Che lavoro fai? – Mi **occupo di** pubblicità.

7. Il caffè **rende** nervosi.

8. Marina ritorna a casa tutti i giorni **a piedi**.

9. Giuseppe ha **detto** che viene domani.

10. Sei riuscito a raggiungere Mara? – No, però penso di rintracciarla stasera per telefono.

11. Ti prego di **rintracciare** Giuseppe per telefono oggi stesso, è molto urgente!

12. No **ha senso** partire subito!

13. Pensi che **abbia senso** parlare di questo? – No, non credo che abbia senso.

14. Tu dici cose che non **hanno senso**.

15. Mi puoi **spiegare** il tuo comportamento, per favore?

16. Ultimamente ho **studiato** molto per l'università.

17. Faccio questa strada da molti anni, ma non **mi era** ancora **successo** di trovare tutto questo traffico.

Verbo o verbo

Qual è la forma sbagliata?

1a. Tutti i giorni cammino alla stazione.
1b. Ho camminato tutto il giorno senza sosta.

2a. Abbiamo fatto l'autostop e ci hanno dato subito un passaggio.
2b. C'è Giulio al telefono: dice che questa sera vuole prenderti in macchina.

3a. Ho messo tutto nella valigia.
3b. Il libro l'ho fatto dentro la valigia.

4a. Loro sanno molte cose, si occupano un po' di tutto.
4b. Non mi occupo con niente!

5a. Non posso occuparmi tutto il giorno con te!
5b. Io non mi occupo proprio per niente di queste cose.

6a. L'alcool fa dipendenti!
6b. I soldi non ti rendono felice, ma ti danno sicurezza.

7a. Abbiamo percorso gli ultimi dieci chilometri in piedi.
7b. Per questa volta siamo venuti a piedi, ma…

8a. Hanno parlato molto, ma non hanno detto quasi niente!
8b. Gigi ha parlato che non viene.

9a. Questa sera mi puoi raggiungere a casa.
9b. Questa sera mi puoi rintracciare a casa.

10a. Loro hanno detto molto a lungo.
10b. Loro hanno parlato molto a lungo.

11a. Non fa nessun senso parlarne subito.
11b. Che senso ha, ormai?

12a. Meglio cambiare argomento perché le tue parole non fanno senso.
12b. Meglio cambiare argomento perché le tue parole non hanno senso.

13a. Ho già avuto di sbagliare nella vita.
13b. Ti ripeto che non è successo niente.

Verbo o verbo

Soluzioni e spiegazioni

1a. 2b. 3b. 4b. 5a. 6a. 7a. 8b. 9a. 10a. 11a. 12a. 13a.

Man sagt: *non posso* **camminare** (laufen, gehen) *perché mi fanno male i piedi*, aber: **vado a piedi** (zu Fuß gehen) *al lavoro, alla stazione*

Man sagt: **prendere** (nehmen) *il treno, l'autobus, la macchina*, aber: **fare l'autostop** (trampen), **dare un passaggio** (mitnehmen)

Man sagt: **mettere** (setzen, legen, stellen) *qualcosa sul tavolo, nel bicchiere, nella bottiglia, sul conto, nella camera, sul letto*

Man sagt: **occuparsi di** (sich beschäftigen mit) *figlio, del lavoro, dei problemi, degli altri, di sport*, aber:
occupare (besetzen) *un posto di lavoro, una casa, un posto*

Man sagt: *bere troppo alcool* **fa male**, aber: *i soldi* **rendono** (machen, hervorbringen) *egoisti*

Man sagt: **parlare** (sprechen) *molto, bene, male, troppo; una lingua*, aber: **dire** (sagen) *molte cose, tutto; non dico niente*

Man sagt: *il sangue mi* **fa senso** (anekeln), aber: *non* **ha** *più* **senso** (keinen Sinn haben) *continuare*

Man sagt: *abbiamo* **raggiunto** (einholen, erreichen) *Giorgio a Viareggio*, aber: *di mattina mi puoi* **rintracciare** (antreffen) *sempre in ufficio*

Man sagt: **esplicare** (entfalten, entwickeln, ausüben) *una attività*, aber: **spiegare** (erklären) *qualcosa*

Man gebraucht **avere** nicht im Sinn von **succedere** (geschehen): *che cosa gli è successo?* (was ist ihm geschehen?, was hat er?)

Man sagt: **studiare** bei einer intellektuellen Arbeit: *ho studiato per l'esame*, aber: **lavoro** *in ufficio, in una scuola, in una fabbrica*

Verbo o verbo

Qual è l'errore?

1. La mattina cucino sempre il caffè.

2. Gli italiani hanno volentieri i bambini.

3. Ho ricevuto i biglietti per il teatro già ieri.

4. Cinque anni fa ho cambiato da Monaco a Roma.

5. Questo tavolo è costruito di legno.

6. La strada asfaltata smette fra due chilometri.

7. Quale camicia vuoi vestire stasera?

8. Ieri sera ho dormito prestissimo.

9. Io chiamo Andrea.

10. Quest'anno viaggiamo in Sicilia.

11. Ho lasciato la casa stamattina alle otto.

12. Sai dove si terranno le prossime olimpiadi? – Io di sport non capisco.

13. L'amore solve il sangue nelle vene.

14. Non arrabbiarti, non pensavo a te.

15. Hai già provato questo vino?

Verbo o verbo

1. La mattina **faccio** sempre il caffè.

2. **Agli** italiani **piacciono** i bambini.

3. Ho **preso** i biglietti per il teatro già ieri.

4. Cinque anni fa **mi sono trasferito** da Monaco a Roma.

5. Questo tavolo è **fatto** di legno.

6. La strada asfaltata **finisce** fra due chilometri.

7. Quale camicia vuoi **mettere** stasera?

8. Ieri sera **mi sono addormentato** prestissimo.

9. Io **mi chiamo** Andrea.

10. Quest'anno **andiamo** in Sicilia.

11. **Sono uscito** di casa stamattina alle otto.

12. Sai dove si terranno le prossime olimpiadi? – Io non **mi intendo** di sport.

13. L'amore **scioglie** il sangue nelle vene.

14. Non arrabbiarti, non **intendevo** te.

15. Hai già **assaggiato** questo vino?

Verbo o verbo

Qual è la forma sbagliata?

1a. Le sedie sono costruite di plastica.
1b. Le sedie sono fatte di plastica.

2a. Hai già smesso i soldi?
2b. Hai già finito i soldi?

3a. È freddo, vesti una giacca pesante.
3b. È freddo, mettiti una giacca pesante.

4a. Mi sono trasferito in Italia da un anno.
4b. Ho cambiato in Italia da un anno.

5a. Se non leggo non riesco a dormire.
5b. Se non leggo non riesco ad addormentarmi.

6a. Ho viaggiato in vacanza in Italia del sud.
6b. Sono andato in vacanza in Italia del sud.

7a. Lei ha lasciato il suo ufficio.
7b. Lei è uscita dal suo ufficio.

8a. Tu capisci di moda?
8b. Tu, te ne intendi di moda?

9a. Il sale si è risolto nell'acqua.
9b. Il sale si è sciolto nell'acqua.

Guarda che bei capelli che ha quella ragazza!
10a. — Lì ci sono tre ragazze, a chi pensi?
10b. — Li ci sono tre ragazze, chi intendi?

Mi domando se Maria verrà da sola.
11a. — Intendi dire che porterà anche la sorella?
11b. — Pensi di dire che porterà anche la sorella?

12a. Prima voglio solvere tutto, poi si vedrà.
12b. Battendo i pugni sul tavolo non risolvi nulla!

13a. Posso assaggiare la tua macchina?
13b. Assaggia il sugo e dimmi se manca il sale.

Verbo o verbo

Soluzioni e spiegazioni

1 a. 2 a. 3 a. 4 b. 5 a. 6 a. 7 a. 8 a. 9 a. 10 a. 11 b.
12 a. 13 a.

addormentarsi: einschlafen   *ho molti problemi ad addormentarmi*
dormire: schlafen   *dormo profondamente*

andare: gehen   *vado a casa   vado in macchina* (fahren)
viaggiare: reisen, fahren   *viaggio in prima classe*

assaggiare: kosten, probieren   *hai voglia di assaggiare la zuppa?*
provare: ausprobieren   *voglio provare la macchina nuova*

cambiare: ändern, verändern, verwandeln   *il dolore lo ha cambiato.*
trasferirsi: umziehen   *mi sono trasferito in un'altra città*

chiamarsi: heißen   *mi chiamo Giovanni*

costruire: bauen   *costruire una casa*
fare: tun, machen; bestehen aus   *il tavolo è fatto di legno*

cucinare: kochen, aber: **preparo** (zubereiten)   *la cena;*
faccio *il caffè*

intendersi: sich auskennen   *te ne intendi di macchine?*
pensare: denken, beabsichtigen   *a chi pensi?; pensi di venire?*
capire: begreifen, verstehen   *capisci quello che dico?*

lasciare: lassen   *lasciare stare:* liegen-, stehenlassen
uscire: ausgehen   *esco di casa; esco dal bar*

ricevere: erhalten, bekommen, empfangen   *no ricevuto un regalo*
prendere: nehmen   *prendo un caffè*

risolvere: lösen   *ho risolto quel problema*
sciogliere: lösen, auflösen

smettere: aufhören   *smetto di lavorare alle otto*
finire: beenden, enden, zu Ende führen, erschöpfen

vestire: anziehen, ankleiden   *ha vestito il bambino*
mettersi: sich anziehen

volentieri: gern, mit Vergnügen (als Antwort)
con piacere: gern, mit Vergnügen   *mangio la pasta con piacere*

Errato uso del participio

Qual è l'errore?

1. La foto ha come soggetti una donna ed un bambino piangenti.

2. La mia collega di lavoro è una donna spesso ridente ed ha un carattere abbastanza estroverso.

3. Quando sono entrato nella camera da letto ho visto solo un bambino dormiente.

4. Il cane abbaiante fa molto rumore, ma non morde.

5. Attenzione, allontanarsi dal treno partente dal secondo binario.

6. Il treno arrivante da Napoli è in ritardo di venti minuti.

7. La mia casa si trova in collina lungo un viottolo salente.

8. Da Montefiascone a Bolsena la strada è quasi interamente discendente.

9. Quando sono arrivati i pompieri la casa era già bruciante.

10. Comunicate alla persona riguardante di ritornare la prossima settimana.

11. La polizia ha pochi mezzi per affrontare la criminalità organizzata aumentante.

12. Sembra che l'incendio sia stato provocato da una accendente sigaretta.

13. In primavera qui è uno spettacolo: il sole splende, gli uccelli cinguettano e le piante sono fiorenti.

14. Dopo aver appreso la brutta notizia iniziò a piangere e gridante disse che non voleva più partire.

15. Pur sapente che eri arrabbiata con me ho voluto chiamarti ugualmente per chiarire alcune cose.

16. Il risolvente problema è molto diverso, cari miei!

17. Le adottanti misure sono dure, ma necessarie.

Errato uso del participio

Frasi corrette

1. La foto ha come soggetti una donna ed un bambino **che piange**.

2. La mia collega di lavoro è una donna **che ride** spesso ed ha un carattere abbastanza estroverso.

3. Quando sono entrato nella camera da letto ho visto solo un bambino **che dormiva**.

4. Il cane **che abbaia**, fa molto rumore, ma non morde.

5. Attenzione, allontanarsi dal treno **in partenza** dal secondo binario.

6. Il treno **in arrivo** da Napoli è in ritardo di venti minuti.

7. La mia casa si trova in collina lungo un viottolo **in salita**.

8. Da Montefiascone a Bolsena la strada è quasi interamente **in discesa**.

9. Quando sono arrivati i pompieri la casa era già **in fiamme**.

10. Comunicate alla persona **in questione** di ritornare la prossima settimana.

11. La polizia ha pochi mezzi per affrontare la criminalità organizzata **in aumento**.

12. Sembra che l'incendio sia stato provocato da una sigaretta **accesa**.

13. In primavera qui è uno spettacolo: il sole splende, gli uccelli cinguettano e le piante sono **fiorite**.

14. Dopo aver appreso la brutta notizia iniziò a piangere e **gridando** disse che non voleva più partire.

15. Pur **sapendo** che eri arrabbiata con me ho voluto chiamarti ugualmente per chiarire alcune cose.

16. Il **problema da risolvere** è molto diverso, cari miei!

17. Le **misure da adottare** sono dure, ma necessarie.

Errato uso del participio

Qual è la forma sbagliata?

1a. Un piangente bambino che soffre la fame è un crimine contro l'umanità.
1b. Un bambino che piange non deve per forza essere malato.

2a. Sono in ritardo perché sono salito sul primo bus in partenza, e naturalmente era quello sbagliato.
2b. Prendiamo la bicicletta, la strada è solo in parte in salita, il resto è discendente.

3a. Chiudi il gas altrimenti quando torniamo troveremo la casa bruciante.
3b. L'incendio ha distrutto anche in questa estate molti boschi. I soccorritori hanno potuto mettere in salvo due uomini dalla montagna in fiamme.

4a. La persona in questione è poco affidabile.
4b. Per saperne di più dovresti parlare con la persona riguardante.

5a. A causa dell'inflazione i prezzi sono in aumentante continuo.
5b. Le richieste di asilo politico nei diversi paesi europei sono in continuo aumento.

6a. Ti prego di non entrare nella mia camera con la sigaretta accendente.
6b. Giorgio lo riconosci subito perché porta sempre una sigaretta accesa fra le labbra.

7a. Hai visto quanto è bella la pianta fiorita nel mio giardino?
7b. Questo bosco è un piccolo paradiso: animali, alberi verdi e piante ridenti.

8a. Sono andato all'appuntamento pur sapendo che lei non sarebbe venuta.
8b. Se ne andò via gridante.

9a. Le offerte da prendere in considerazione sono ben altre, qui stiamo solo perdendo tempo.
9b. Quali sono i provvedimenti prendenti in questo caso?

Errato uso del participio

Soluzioni e spiegazioni

1 a.   2 b.   3 a.   4 b.   5 a.   6 a.   7 b.   8 b.   9 b.

Das deutsche Partizip Präsens wird im Italienischen oft durch folgende Konstruktionen gebildet:

Relativsatz:
un uomo che muore   ein sterbender Mann
il popolo che lavora   das arbeitende Volk
gli occhi che piangono   weinende Augen
una donna che ama   eine liebende Frau

Präpositionalausdruck:
un cuore in fiamme   ein brennendes Herz
donne in amore   liebende Frauen

Partizip Perfekt:
una lampada accesa   eine brennende Lampe

Gerundium:
lei arrivò a casa piangendo   sie kam weinend nach Hause
lui me lo ha detto ridendo   er hat es mir lachend gesagt

da + Infinitiv:
l'ostacolo da superare   das zu überwindende Hindernis
il lavoro da sbrigare   die zu erledigende Arbeit

Im gehobenen Sprachgebrauch und im Amtsitalienisch wird das Partizip Präsens gebraucht, um einen Relativsatz zu verkürzen:

il presidente uscente   der ausscheidende Präsident
le persone partecipanti   die teilnehmenden Personen
le sue commoventi parole   seine rührenden Worte

Espressioni di tempo, orario, età

Qual è l'errore?

1. Ci siamo visti l'ultimo anno per l'ultima volta.

2. Ho conosciuto Sergio l'ultimo anno in Italia.

3. Volevo restare per un mezzo anno a Roma, ma poi ho cambiato idea.

4. Abbiamo avuto un rapporto soltanto per un quarto di anno.

5. Gianni ha solamente quattro settimane di vacanze all'anno.

6. Siamo arrivati quattro settimane fa.

7. Il film incomincia alle 8 ore.

8. In Italia i negozi sono chiusi tutto il giorno dalle 13 alle 16.

9. Fa un anno sono andato per l'ultima volta a Firenze.

10. Quanti anni ha Carlo? – Carlo è trent'anni.

11. Il centro storico di Viterbo è della media età.

12. Racconta di quando eri in Sardegna. – In questo tempo facevo ben altre cose.

13. Viviamo in un'età fortemente condizionata dall'informatica.

14. Sua sorella è piccolissima: ha un anno.

Espressioni di tempo, orario, età

Frasi corrette

1. Ci siamo visti **l'anno scorso** per l'ultima volta.

2. Ho conosciuto Sergio **l'anno scorso** in Italia.

3. Volevo restare per **sei mesi** a Roma, ma poi ho cambiato idea.

4. Abbiamo avuto un rapporto soltanto per **tre mesi**.

5. Gianni ha solamente **un mese** di vacanze all'anno.

6. Siamo arrivati **un mese** fa.

7. Il film incomincia alle **ore 8**.

8. In Italia i negozi sono chiusi **tutti i giorni** dalle 13 alle 16.

9. **Un anno fa** sono andato per l'ultima volta a Firenze.

10. Quanti anni ha Carlo? – Carlo **ha** trent'anni.

11. Il centro storico di Viterbo è del **Medioevo**.

12. Racconta di quando eri in Sardegna. – In **quel periodo** facevo ben altre cose.

13. Viviamo in un'**era** fortemente condizionata dall'informatica.

14. Sua sorella è piccolissima: ha un anno.

Espressioni di tempo, orario, età

Qual è la forma sbagliata?

1a. Questo è successo l'ultimo anno.
1b. L'anno scorso non ci conoscevamo ancora.

2a. Questo è il mio ultimo giorno in Italia.
2b. L'ultimo anno ho parlato spesso italiano.

3a. Partirò fra sei mesi.
3b. Partirò fra mezzo anno.

4a. Nei primi tre mesi in Italia non capivo una parola.
4b. Il primo quarto di anno in Italia non capivo una parola.

5a. Trascorro un mese all'anno dai miei amici al mare.
5b. Prima telefonava tutti i giorni mentre ora si fa sentire solo una volta ogni quattro settimane.

6a. Frequento questo corso da un mese.
6b. Dopo quattro settimane di silenzio ha telefonato.

7a. Giuliano arriva alle ore 2.
7b. Il treno parte alle 2 ore.

8a. Ci vediamo tutti i giorni sul lavoro.
8b. Il dottore non viene tutto il giorno.

9a. Giovanni l'ho visto due mesi fa per l'ultima volta.
9b. Giovanni l'ho visto fa due mesi per l'ultima volta.

10a. Il Brambilla ha quarant'anni.
10b. Il Brambilla è quarant'anni.

11a. Giovanni ha studiato la storia di media età.
11b. Giovanni ha studiato la storia del Medioevo.

12a. Alla tua era, io vivevo molto diversamente.
12b. Questa è l'era post-socialista.

Espressioni di tempo, orario, età

Soluzioni e spiegazioni

1 a. 2 b. 3 b. 4 b. 5 b. 6 b. 7 b. 8 b. 9 b. 10 b. 11 a.
12 a.

Man sagt: questo è il mio **ultimo** anno di lavoro, aber: l'anno **scorso**, il mese scorso, la settimana scorsa.

Man sagt: un quarto di vino, d'ora, sono le sette e un quarto, aber: non ci vediamo da **tre mesi**, giorni, ore.

Man sagt besser: **un mese**, un mese e mezzo, und nicht: quattro settimane, sei settimane.

Man sagt: ritorna **alle** ore otto, pranzo alle 13, aber: prendo una pastiglia **ogni** due ore, la corriera passa ogni ora, i treni da Roma arrivano ogni mezz'ora.

Man sagt: lavoro tutt**o il** giorn**o**, dormo tutto il giorno, aber: leggo i giornali tutt**i i** giorn**i**.

Man sagt immer: **un giorno fa**, un mese fa, un anno fa.

Man sagt: il **Medioevo** (medievale)

Man sagt: **avere... anni**. Quanti anni hai? – Ho dieci anni.

l'era: Zeitalter, Epoche   *l'era del colonialismo* Kolonialzeitalter
l'era atomica Atomzeitalter   *l'era spaziale* Weltraumzeitalter
l'età: Alter   *tenera età* zartes Alter   *età avanzata* hohes Alter   *di una certa età* in vorgeschrittenem Alter

Espressioni di tempo, orario, età

Qual è l'errore?

1. In questo quartiere vi abitano maggiormente vecchie persone.

2. Mio fratello è cinque anni più vecchio di me.

3. Noi due siamo lo stesso vecchi.

4. Con diciotto anni sono andato ad abitare da solo.

5. Loro hanno due bambini in tenera età.

6. Che era ha questo bambino?

7. I miei genitori si trovano in una era avanzata.

8. Io e Giorgio abbiamo la stessa età.

9. Devo stare attento alla mia salute: ormai ho la mia età!

10. Non fate molto rumore, i miei vicini vanno a letto presto, sono persone di una certa vecchiaia.

11. La malattia lo ha colto nella più bel tempo.

12. La signora Rossi è una donna di mezzo vecchia.

13. Questa è un'epoca strana: guerre, cadute dei blocchi Est-Ovest, riunificazione della Germania, chissà come andrà a finire.

14. È così giovani: non riesco a capire come abbia fatto ad ottenere la presidenza di una società così importante.

15. I bebè si svegliano ogni tre ore circa.

Espressioni di tempo, orario, età

Frasi corrette

1. In questo quartiere vi abitano maggiormente **persone anziane**.

2. Mio fratello **ha cinque anni più di** me.

3. Noi due **abbiamo la stessa età**.

4. **A** diciotto anni sono andato ad abitare da solo.

5. Loro hanno due bambini in tenera età.

6. Che **età** ha questo bambino?

7. I miei genitori si trovano in una **età** avanzata.

8. Io e Giorgio abbiamo la stessa età.

9. Devo stare attento alla mia salute: ormai ho la mia età!

10. Non fate molto rumore, i miei vicini vanno a letto presto, sono persone di una **certa età**.

11. La malattia lo ha colto nella più **bella età**.

12. La signora Rossi è una donna di **mezza età**.

13. Questa è un'epoca strana: guerre, cadute dei blocchi Est-Ovest, riunificazione della Germania, chissà come andrà a finire.

14. È così **giovane**: non riesco a capire come abbia fatto ad ottenere la presidenza di una società così importante.

15. I bebè si svegliano ogni tre ore circa.

Espressioni di tempo, orario, età

Qual è la forma sbagliata?

1a. In questo palazzo ci abitano solo persone anziane.
1b. Faccio l'assistente sociale in un centro sociale per vecchie persone.

2a. Il mio primo figlio è più vecchio di cinque anni rispetto a sua sorella.
2b. Marina ha un aspetto giovanile, ma ha più anni di quelli che dimostra.

3a. Noi siamo gemelli e così siamo lo stesso vecchi.
3b. Anche se sembriamo uno più vecchio dell'altro, abbiamo la stessa età.

4a. Sono andato a scuola con sei anni.
4b. Pirandello ha scritto la sua prima tragedia a dodici anni.

5a. Mio fratello ha quarantatre anni: è un uomo di mezza età.
5b. Cerchiamo una persona mezzo vecchia per un lavoro part-time.

6a. Qual è la tua era? – Ho ventisette anni.
6b. Ti consiglio di dargli del lei perché la sua età è più alta della tua.

7a. Con diciotto anni è troppo presto per promettersi il futuro.
7b. A diciotto anni si diventa maggiorenni.

8a. A una certa vecchiaia si dovrebbe pensare di più al proprio futuro.
8b. Alla mia età si comincia a ragionare in modo diverso.

9a. Questo affresco risale al tempo rinascimentale.
9b. In un'era così caotica come la nostra succedono molte tragedie.

10a. Hai vent'anni: il più bel tempo!
10b. Hai vent'anni: la più bella età!

11a. Come passa il tempo! Ho conosciuto Maria che era ancora una bambina e adesso è già in età da marito.
11b. Come passa il tempo! Ho conosciuto Maria che era ancora una bambina e adesso è già in era da marito.

Espressioni di tempo, orario, età

Soluzioni e spiegazioni

1 b. 2 a. 3 a. 4 a. 5 b. 6 a. 7 a. 8 a. 9 a. 10 a. 11 b.

persone anziane: ältere Menschen *le persone anziane soffrono spesso di solitudine*

l'era: Zeitalter, Ära, Epoche *l'era cristiana* das christliche Zeitalter

l'età: Alter *tenera età* zartes Alter *età avanzata* hohes Alter *di una certa età* im vorgeschrittenen Alter *la più bella età* Jugendzeit, schönstes Alter *di mezza età* mittleres Alter *l'età del bronzo* Bronzezeit *quella certa età* das Backfischalter *l'età fiorita* Jugendzeit *essere in età da marito* heiratsfähig sein *essere in minore età* minderjährig sein

l'epoca: Zeit, Periode, Zeitabschnitt *l'epoca della rivoluzione francese* das Zeitalter der Französischen Revolution *all'epoca* zu jener Zeit *fare epoca* Aufsehen erregen *l'epoca del raccolto* Erntezeit

il tempo: 1. Zeit *in tempo* rechtzeitig *tempo legale* Sommerzeit *tempo libero* Freizeit *a tempo e luogo* bei passender Gelegenheit 2. Wetter 3. Tempo

avere più anni: älter sein *questa cosa ha più anni di quella; io ho più anni di te; oggi ho un anno di più*

avere la stessa età: genauso alt sein *devi portarmi più rispetto: non abbiamo la stessa età!*

a... anni: mit... Jahren *a diciotto anni ho preso la patente* (Führerschein)

Aggettivo o aggettivo

Qual è l'errore?

1. Mara ha l'hobby della cucina: allora come regalo è buono un libro di cucina.

2. Secondo me questa strada è falsa.

3. Mi sa dire dove posso trovare una banca?
   – Sì, vada a destra e la banca è prossima all'albergo Miramare.

4. Non volevi arrivare alle dodici e trenta?
   – Sì, ma ho preso la metrò falsa.

5. Liliana è stata veramente sfortunata a mettersi con Hugo.
   – Ti credo, si è innamorata del prossimo che ha visto!

6. Lui è un artista molto buono.

7. Questo è un bar frequentato da uomini caldi.

8. Io penso che Gina piaccia agli uomini soprattutto perché porta spesso delle minigonne molto calde.

9. Quello lì non mi sembra una persona educata.

10. Arturo è una persona molto coltivata.

11. Il traffico di armi permette dei guadagni alti.

12. Hans è un ragazzo biondo e molto grande.

13. La casa in cui abito ha il tetto piccolo.

14. Maria, la nostra amica italiana, è una donna piccola.

15. Il mio stipendio brutto è di un milione e trecento.

Aggettivo o aggettivo

Frasi corrette

1. Mara ha l'hobby della cucina: allora come regalo è **adeguato** un libro di cucina.

2. Secondo me questa strada è **sbagliata**.

3. Mi sa dire dove posso trovare una banca?
   – Sì, vada a destra e la banca è **vicina** all'albergo Miramare.

4. Non volevi arrivare alle dodici e trenta?
   – Sì, ma ho preso la metrò **sbagliata**.

5. Liliana è stata veramente sfortunata a mettersi con Hugo.
   – Ti credo, si è innamorata del **primo** che ha visto!

6. Lui è un artista molto **bravo**.

7. Questo è un bar frequentato da **omosessuali**.

8. Io penso che Gina piaccia agli uomini soprattutto perché porta spesso delle minigonne molto **erotiche**.

9. Quello lì non mi sembra una persona educata.

10. Arturo è una persona molto **colta**.

11. Il traffico di armi permette dei guadagni alti.

12. Hans è un ragazzo biondo e molto **alto**.

13. La casa in cui abito ha il tetto **basso**.

14. Maria, la nostra amica italiana, è una donna **bassa**.

15. Il mio stipendio **lordo** è di un milione e trecento.

Aggettivo o aggettivo

Scegliere la parola adatta

alto / grande   basso / piccolo   brutto / lordo   buono / adeguato
buono / bravo   caldo / omosessuale   caldo / erotico   coltivato / colto
educato / istruito   falso / sbagliato   prossimo / primo   prossimo / vicino

1. Sai qual è lo stipendio .... che prende un insegnante di scuola media?

2. Como è una città molto .... al confine con la Svizzera.

3. A volte è difficile distinguere un film .... da uno pornografico.

4. Ma questi sono gabinetti per bambini: guarda come sono ....

5. Scusa, quanto è .... la torre di Pisa?

6. Non è vero che l'Aids colpisca solo gli ....

7. La legge punisce i testimoni che dicono il ....

8. Quando fa freddo come oggi, le migliori bevande sono quelle ....

9. Credo che la .... volta mi comporterò molto diversamente.

10. Lui avrebbe voluto un figlio ben .... ed invece si ritrova con un ragazzo che non ne vuole sapere delle buone maniere.

11. Ho un mal di denti terribile. Conosci un .... dentista?

12. Questi vestiti leggeri sono .... alla vacanza estiva in Italia.

13. Nonostante quel tipo di cane abbia una testa molto .... piace lo stesso a molte persone.

Aggettivo o aggettivo

Soluzioni e spiegazioni

1. lordo   2. vicino   3. erotico   4. bassi   5. alta   6. omosessuali
7. falso   8. calde   9. prossima   10. educato   11. bravo   12. adeguati   13. brutta

Man sagt: *uno stipendio* **alto** (hoch), *una ragazza alta* (groß), aber: *una* **grande** (lang) *barba, una grande* (groß) *industria, una camera grande* (geräumig), *i figli grandi* (erwachsen), *più grande* (größer) *di suo padre*

Man sagt: *è una casa* **bassa** (niedrig), aber: *una* **piccola** (gering) *parte, i figli piccoli* (klein)

Man sagt: *è una* **brutta** (häßlich) *strada, persona,* aber: *il mio guadagno* **lordo** (brutto) *è di due milioni, ma netto prendo solo un milione e duecento*

Man sagt: *il tempo è* **buono** (gut, schön) *oder è un buon consiglio,* aber: *lei è una* **brava** (gut) *attrice oder lui è bravo a parlare italiano*

Man sagt: *è un prezzo* **adeguato** (gut, angemessen) *alla qualità oder questi vestiti non sono adeguati* (passend) *per la sera*

Man sagt: *il tempo è* **caldo** (warm) *oder Giorgio ha un carattere caldo* (warmherzig), aber: *un uomo* **omosessuale** *o gay*

Man sagt: *un campo* **coltivato** (bestellt, bebaut) *oder un amore coltivato* (gepflegt) *per anni,* aber: *una persona* **colta** (kultiviert, gebildet) *oder un'espressione colta*

Man sagt: *è una persona molto* **istruita** (gebildet), aber: *quel ragazzo ha delle ottime maniere: è un ragazzo* **educato** (wohlerzogen)

Man sagt: *una banconota* **falsa** (gefälscht), *una persona falsa* (falsch), aber: *il treno* **sbagliato** (falsch) *oder il numero sbagliato*

Man sagt: *tu sei la* **prima** (erste) *persona che ho incontrato,* aber: *entriamo nel* **prossimo** (nächste) *bar*

Avverbio o aggettivo

Qual è l'errore?

1. Purtroppo oggi il tempo non è bene.

2. Complimenti! Questi spaghetti sono veramente buoni.

3. La mia ragazza parla l'italiano veramente buono.

4. Marcello è un uomo male perché è molto arrogante.

5. Oggi il tempo è veramente male.

6. Io sostengo esatto il contrario.

7. Abbiamo parlato corto di alcuni fatti.

8. Questa casa è veramente molta bella.

9. Purtroppo questi spaghetti sono molti cattivi!

10. Quanti bagagli! Sono troppi per questa piccola macchina.

11. Ha superato un brutto periodo di crisi, finalmente sta di nuovo bene.

12. Lo studente ha risposto buono alla domanda del professore.

13. Ieri sera abbiamo parlato piccolo anche di te.

14. Che peccato! È venuta troppo poco gente alla festa!

15. Giuliano è folle innamorato di Bettina.

16. Quell'uomo è veramente antipatico! Fortunato è partito subito.

17. Marco parla il turco più buono di me.

18. Oggi sto più cattivo di ieri.

Avverbio o aggettivo

Frasi corrette

1. Purtroppo oggi il tempo non è **buono**.

2. Complimenti! Questi spaghetti sono veramente buoni.

3. La mia ragazza parla l'italiano veramente **bene**.

4. Marcello è un uomo **cattivo** perché é molto arrogante.

5. Oggi il tempo è veramente **brutto**.

6. Io sostengo **esattamente** il contrario.

7. Abbiamo parlato **brevemente** di alcuni fatti.

8. Questa casa è veramente **molto** bella.

9. Purtroppo questi spaghetti sono **molto** cattivi!

10. Quanti bagagli! Sono troppi per questa piccola macchina.

11. Ha superato un brutto periodo di crisi, finalmente sta di nuovo bene.

12. Lo studente ha risposto **bene** alla domanda del professore.

13. Ieri sera abbiamo parlato **brevemente** anche di te.

14. Che peccato! È venuta troppo **poca** gente alle festa!

15. Giuliano è **follemente** innamorato di Bettina.

16. Quell'uomo è veramente antipatico! **Fortunatamente** è partito subito.

17. Marco parla il turco **meglio** di me.

18. Oggi sto **peggio** di ieri.

Avverbio o aggettivo

Qual è la forma sbagliata?

1a. Oggi non mi sento molto buono.
1b. Oggi non mi sento molto bene.

2a. Lei parla un bene italiano.
2b. Lei parla un buon italiano.

3a. Quante volte devo ripeterti che sto bene!?
3b. Sulla politica i giornali non scrivono sempre buono.

4a. Questa è stata una male esperienza.
4b. Questo personaggio è molto cattivo.

5a. Il mio discorso sarà breve.
5b. Abbiamo parlato solo corto al telefono.

6a. È una persona che racconta troppe storie.
6b. Arianna è troppa noiosa!

7a. Sono convinto che lui giochi più buono di te.
7b. Sono convinto che lui giochi meglio di te.

8a. Oggi, Haino ha cantato peggio di ieri.
8b. Oggi, Haino ha cantato più cattivo di ieri.

9a. Oh Maria! Ti amo follemente!
9b. Oh Maria! Ti amo folle!

10a. Guarda che io intendevo esatto il contrario di quello che hai capito tu!
10b. Guarda che io intendevo esattamente il contrario di quello che hai capito tu!

11a. Sì, questo conto è proprio esatto.
11b. Sì, questo conto è proprio esattamente.

12a. Quanto è piccolo questo albero!
12b. Quanto è brevemente questo albero!

13a. Fortunatamente sono partito quel giorno stesso.
13b. Fortunato sono partito quel giorno stesso.

Avverbio o aggettivo

Soluzioni e spiegazioni

1 a. 2 a. 3 b. 4 a. 5 b. 6 b. 7 a. 8 b. 9 b. 10 a. 11 b. 12 b.

Man sagt mit Adverb: *sentirsi* **bene** (wohl), *hai capito bene* (richtig)?, *sei stato bene* (angenehm) *in vacanza*?, aber mit Adjektiv: *la pasta è* **buona** (gut)

Man sagt mit Adverb: *parlo* **male** (schlecht) *le lingue*, aber mit Adjektiv: *hai un* **cattivo** (schlecht) *gusto, ha un cattivo* (bösartig) *vicino di casa*

Man sagt mit Adverb: *questa macchina va* **meglio** (besser) / **peggio** (schlechter), aber mit Adjektiv: *questo vino è più* **buono** (besser) / *più* **cattivo** (schlechter)

Man sagt mit Adverb: *puoi raccontarmi* **brevemente** (in Kürze) *che cosa è successo?*, aber mit Adjektiv: *ha i capelli* **corti** (kurz)

Man sagt mit Adverb: *parla* **brevemente** (kurz), aber mit Adjektiv: *una* **piccola** (gering) *parte, i figli piccoli* (kleine)

Man sagt mit Adverb: *sono* **esattamente** (genau) *trenta minuti che aspetto*, aber mit Adjektiv: *sai l'ora* **esatta** (genau)?

Man sagt mit Adverb: *mi ama* **follemente** (leidenschaftlich), *si comporta follemente* (verrückt), aber mit Adjektiv: *questo progetto è* **folle** (sinnlos)

Man sagt mit Adverb: **fortunatamente** (zum Glück) *sono rimasto a casa*, aber mit Adjektiv: *Marco è* **fortunato** (glücklich): *ha vinto al Lotto*

Man sagt mit Adverb: *siamo* **molto** (sehr) / **troppo** (zu) / **poco** (wenig) *stanchi*, aber mit Adjektiv: *ho visto* **molta** (viele) / **troppa** (zu viele) / **poca** (wenig) *gente, abbiamo mangiato molti / troppi / pochi spaghetti*

Sostantivo o sostantivo

Qual è l'errore?

1. Ti lascio una notizia per Maria.

2. Penso che non hai la giusta coscienza per affrontare questo problema.

3. Ti posso fare una questione?

4. Devo dire che questo lavoro è stato portato a termine con molta diligenza e puntualità.

5. Queste scarpe mi piacciono, avete la mia grandezza?

6. Abitiamo in un piccolo paesaggio non lontano da Firenze.

7. È meglio non avere a che fare con quel tipo di genti.

8. Ritorniamo all'appartamento perché siamo stanchi.

9. Abitiamo in una casa di sette piani.

10. Sei noioso, la tua società è snervante.

11. Questa catena di perle è un regalo di mio marito.

12. Dopo l'esame di matura, mi sono iscritta all'università.

13. Adesso basta, sono tre volta che te lo ripeto.

14. Vogliamo sederci su questa banca?

15. Paola e Francesco sono un paio veramente interessante.

16. Hai ricevuto la carta che ti ho spedito dalle vacanze?

17. Ci sentiamo la settima prossima.

18. Il mio anniversario è in agosto.

Sostantivo o sostantivo

Frasi corrette

1. Ti lascio un **biglietto** per Maria.

2. Penso che non hai la giusta **consapevolezza** per affrontare questo problema.

3. Ti posso fare una **domanda**?

4. Devo dire che questo lavoro è stato portato a termine con molto **impegno** e puntualità.

5. Queste scarpe mi piacciono, avete la mia **misura**?

6. Abitiamo in un piccolo **paese** non lontano da Firenze.

7. È meglio non avere a che fare con quel tipo di **gente**.

8. Ritorniamo a **casa** perché siamo stanchi.

9. Abitiamo in un **palazzo** di sette piani.

10. Sei noioso, la tua **compagnia** è snervante.

11. Questa **collana** di perle è un regalo di mio marito.

12. Dopo l'esame di **maturità**, mi sono iscritta all'università.

13. Adesso basta, sono tre **volte** che te lo ripeto.

14. Vogliamo sederci su questa **panca**?

15. Paola e Francesco sono una **coppia** veramente interessante.

16. Hai ricevuto la **cartolina** che ti ho spedito dalle vacanze?

17. Ci sentiamo la **settimana** prossima.

18. Il mio **compleanno** è in agosto.

Sostantivo o sostantivo

Qual è la forma sbagliata?

1a. Non ho notizie sugli ultimi sviluppi.
1b. Ma non hai letto le mie notizie?

2a. Hai la consapevolezza sporca?
2b. Parto con la consapevolezza di non tornare mai più.

3a. Potresti fare questa domanda un'altra volta?
3b. Potresti fare questa questione un'altra volta?

4a. Se Alberto accetta un lavoro lo fa con diligenza.
4b. Se Alberto accetta un lavoro lo fa con impegno.

5a. Qual è la grandezza di questi stivali?
5b. Qual è la misura di questi stivali?

6a. Il paese è piccolo: le genti parlano.
6b. In questa zona la gente è aperta.

7a. La sera sono sempre all'appartamento.
7b. Ci vediamo tutti a casa mia?

8a. Al mio paese ci si conosce tutti.
8b. Al mio paesaggio nessuno si fa i fatti suoi!

9a. Sono cliente di questa panca da molti anni.
9b. Attenzione: la panca è verniciata di fresco!

10a. Prima di prendere il portafoglio mi sono seduto sopra questa banca.
10b. Prima di prendere il portafoglio mi sono seduto su questa panca.

11a. Vediamoci la settimana prossima.
11b. Vediamoci la settima prossima.

12a. La tua carta è arrivata due giorni fa.
12b. La tua cartolina è arrivata due giorni fa.

13a. Vi ringrazio per la vostra compagnia.
13b. Senza la tua società sarei morto di noia.

Sostantivo o sostantivo

Soluzioni e spiegazioni

1 b.   2 a.   3 b.   4 a.   5 a.   6 a.   7 a.   8 b.   9 a.   10 a.   11 b.
12 a.   13 b.

l'anniversario: Jahrestag; **il compleanno:** Geburtstag

la banca: Bank; **la panca:** Sitzbank

la catena: Kette; **la collana:** Halskette

la carta: Papier; **la cartolina:** Postkarte

la casa: Haus, Wohnung; **l'appartamento:** Wohnung

la coscienza: Gewissen, Bewußtsein; **consapevolezza:** Bewußtsein

la gente: Leute; **le genti:** Völker

l'impegno: Verpflichtung; **impegnato:** engagiert

la grandezza: Größe; **la misura:** Größe, Maß

matura: reif; **maturità:** Reife

le notizie: Nachrichten; **il biglietto:** Zettel, Nachricht

il paesaggio: Landschaft; **il paese:** Dorf, Land

il paio: Paar; **la coppia:** Paar (Personen)

la questione: Angelegenheit; **la domanda:** Frage

la settimana: Woche; **settima:** siebte

la società: Gesellschaft; **la compagnia:** Gesellschaft, Begleitung

una volta: einmal; **due volte:** zweimal

Sostantivo o sostantivo

Qual è l'errore?

1. Il tuo commentario mi è piaciuto poco!

2. Ingrid ha fatto lo studio all'università di Bonn.

3. Ho trovato una piazza di studio all'università di Roma.

4. Su questa spiaggia c'è troppa gente, vogliamo cercare un'altra piazza?

5. Questa sera voglio mangiare solo un'insalata.

6. Cerco un bravo pittore per imbiancare la mia casa.

7. Se guardiamo sul piano della città troveremo subito la direzione da prendere.

8. Nel Parlamento italiano ci sono molte partite.

9. Ho il sentimento che non venga.

10. Ho due bambini, il primo ha ventidue anni ed il secondo diciannove.

11. Io mi chiamo Maria Schneider: Maria è il pronome e Schneider è il cognome.

12. Il pacco è stato ritirato da un giovane uomo questa mattina.

13. Sono molti i tedeschi che vanno al mare sulla costa dell'Adria.

14. Per quando credi di riuscire a concludere i tuoi studi?

15. Vorrei una stampa per cartolina, per favore.

16. Finalmente sono riuscito a combinare un impegno con Maria.

17. Tutta la stampa non fa altro che parlare di Aids.

Sostantivo o sostantivo

Frasi corrette

1. Il tuo **commento** mi è piaciuto poco!

2. Ingrid ha fatto **gli studi** all'università di Bonn.

3. Ho trovato un **posto** di studio all'università di Roma.

4. Su questa spiaggia c'è troppa gente, vogliamo cercare un altro **posto**?

5. Questa sera voglio mangiare solo un'insalata.

6. Cerco un bravo **imbianchino** per imbiancare la mia casa.

7. Se guardiamo sulla **piantina** della città troveremo subito la direzione da prendere.

8. Nel Parlamento italiano ci sono molti **partiti**.

9. Ho **la sensazione** che non venga.

10. Ho due **figli**, il primo ha ventidue anni ed il secondo diciannove.

11. Io mi chiamo Maria Schneider: Maria è il **nome** e Schneider è il cognome.

12. Il pacco è stato ritirato da un **ragazzo** questa mattina.

13. Sono molti i tedeschi che vanno al mare sulla costa dell'**Adriatico**.

14. Per quando credi di riuscire a concludere i tuoi studi?

15. Vorrei un **francobollo** per cartolina, per favore.

16. Finalmente sono riuscito a combinare un **appuntamento** con Maria.

17. Tutta la stampa non fa altro che parlare di Aids.

Sostantivo o sostantivo

Qual è la forma sbagliata?

1a. Picasso è un grande imbianchino di questo secolo.
1b. Picasso è un grande pittore di questo secolo.

2a. Questa è la pianta del caffè.
2b. Questo è un vecchio piano di Roma.

3a. Ho il forte sentimento che sia successo qualcosa.
3b. Ho la forte sensazione che sia successo qualcosa.

4a. Risparmiati i tuoi stupidi commentari.
4b. Risparmiati i tuoi stupidi commenti!

5a. La stampa ha scritto molto su questo tema.
5b. Ho bisogno di due stampe da settecento lire.

6a. Rimini è sull'Adria.
6b. Il mare Adriatico non è così sporco come si dice.

7a. Perché non andate a giocare con gli altri figli?
7b. I miei figli, da bambini, hanno frequentato questo asilo nido.

8a. Mi chiamo Cesare di pronome e Gandenzi di nome.
8b. «Io» è un pronome personale, ma Rossi è il mio cognome.

9a. Sei sola? – No, sono venuta con due giovani uomini.
9b. Ragazzi, silenzio per favore!

10a. Per quale partito pensi di votare?
10b. A quale partita darai il tuo voto?

11a. Diventa sempre più difficile trovare un posto adatto per le nostre vacanze.
11b. Ho l'impressione che diventi sempre più difficile, trovare una piazza che vada bene per le nostre vacanze.

12a. Certo che questo è un lavoro che richiede molto impegno!
12b. Certo che questo è un lavoro che richiede molto appuntamento.

13a. Renzo ha aperto uno studio in centro.
13b. Renzo ha concluso il suo studio di biologia.

Sostantivo o sostantivo

Soluzioni e spiegazioni

1 a.   2 b.   3 a.   4 a.   5 b.   6 a.   7 a.   8 a.   9 a.   10 b.   11 b.
12 b.   13 b.

Man sagt: il **mare Adriatico** e non Adria

Man sagt: ho un **appuntamento** (Verabredung) alle sette, aber: questo lavoro richiede molto impegno (Fleiß, Verpflichtung)

Man sagt: quanti **commenti** (Kommentare) su questo fatto, aber: il **commentario** (Aufzeichnung) di uno scrittore

Man sagt: i miei **figli** (Kinder: Söhne und Töchter) sono già grandi, aber: i miei figli sono ancora bambini (Kinder)

Man sagt: quanto costa un **francobollo** (Briefmarke) per l'Australia?, aber: oggi tutta la **stampa** (Presse) italiana parla di questo fatto

Man sagt: vorrei un'**insalata** (Salat) verde, aber: la pasta è salata (salzig)

Man sagt: il mio **nome** è Giulio ed il **cognome** Müller, aber: «loro» è un **pronome** personale

Man sagt: **il partito** (Partei) politico, aber: **la partita** (Spiel) a pallone, a tennis

Man sagt: ho in mente un **piano** (Projekt, Plan), aber: la pianta (Grundriß, Plan) di una città; dagegen: l'orario di lavoro (Arbeitsplan), l'orario dei treni

Man sagt: vediamoci in **piazza** (Platz, Marktplatz), aber: un **posto** (Platz) di lavoro, di studio, un posto al sole

Man sagt: il **pittore** (Maler) è un'artista, aber: l'**imbianchino** (Maler, Anstreicher) è un artigiano

Man sagt: ho la **sensazione** (Empfindung, Eindruck) che tu mi prenda in giro, aber: l'amore è un bel sentimento (Gefühl)

Man sagt: **lo studio** (Atelier) dell'artista, aber: ho abbandonato **gli studi** (Studium); non riesce a finire i suoi studi

Errato uso degli indefiniti

Qual è l'errore?

1. Io non ho capito una parola di quello che hai detto.

2. Ogni di noi sa fare questo lavoro!

3. Qualche persone hanno detto che non vengono domani, ma dopodomani.

4. Tutti due sono degli imbecilli!

5. Io non vedo qualcuna persona che sia sui trent'anni.

6. La gente non da mai niente gratis.

7. Si è alzato ed è andato via senza un motivo.

8. Non sa stare più di un paio d'ore senza vedere nessuno.

9. Come spesso vai a visitare tuo padre?

10. È morto senza dire qualcosa su quello che sapeva.

11. Ogni quanto devi prendere la medicina?

12. Scusi, parla italiano? – Solo qualcosa.

13. Ho dimenticato qualcosa. – Che cosa? – La mia borsa.

14. Bevi qualcosa? – Sì grazie, bevo qualcosa d'aranciata.

15. Se non credi a me, puoi chiedere a ogni era lì.

16. Ci vuole sempre un po' di pazienza quando si ha a che fare con altre persone.

17. Senti puoi venire un attimo qui? Vorrei dirti che cosa a quattr'occhi.

Errato uso degli indefiniti

Frasi corrette

1. Io non ho capito **nessuna** parola di quello che hai detto.

2. **Ognuno** di noi sa fare questo lavoro!

3. Qualche person**a ha** detto che non **viene** domani, ma dopodomani.

4. Tutti **e** due sono degli imbecilli!

5. Io non vedo **nessuna** persona che sia sui trent'anni.

6. La gente non da mai niente gratis.

7. Si è alzato ed è andato via senza **nessun** motivo.

8. Non sa stare più di un paio d'ore senza vedere nessuno.

9. **Ogni quanto** vai a visitare tuo padre?

10. È morto senza dire **niente** di quello che sapeva.

11. Ogni quanto devi prendere la medicina?

12. Scusi, parla italiano? – Solo **un po'**.

13. Ho dimenticato **una cosa**. – Che cosa? – La mia borsa.

14. Bevi qualcosa? – Sì grazie, bevo **un po'** d'aranciata.

15. Se non credi a me, puoi chiedere a **chiunque** era lì.

16. Ci vuole sempre un po' di pazienza quando si ha a che fare con altre persone.

17. Senti puoi venire un attimo qui? Vorrei dirti **una cosa** a quattr'occhi.

Errato uso degli indefiniti

Qual è la forma sbagliata?

1a. Ho trovato qualcuni bicchieri sul tavolo.
1b. Ho trovato alcuni bicchieri sul tavolo.

2a. Qualche persone pensano il contrario.
2b. Alcune persone pensano il contrario.

3a. Ogni quanto vai a Genova?
3b. Come spesso vai a Genova?

4a. Certi uomini italiani sono maschilisti.
4b. Qualcuno uomo italiano è maschilista.

5a. Chiunque pensi così può essere solo pazzo.
5b. Alcuno pensa così può essere solo pazzo.

6a. Suo zio non gli ha lasciato niente.
6b. Suo zio non gli ha lasciato una cosa.

7a. Io conosco qualcuno che sa bene il cinese.
7b. Io conosco qualche che sa bene il cinese.

8a. Questo fatto è più interessante di ogni altro.
8b. Questo fatto è più interessante di ognuno altro.

9a. C'era solo qualcosa di nebbia vicino a Torino.
9b. C'era solo un po' di nebbia vicino a Torino.

10a. Alla festa c'era solo qualche interessante persona.
10b. Alla festa c'era solo qualcuna persona interessante.

11a. Maria e Giulia? Sono arrivate tutte e due in macchina!
11b. Maria e Giulia? Sono arrivati tutti e due in macchina!

12a. Mi puoi telefonare a qualsiasi ora.
12b. Mi puoi telefonare a ognuna ora.

13a. Ma è successo qualcosa di veramente interessante?
13b. Ma è successa qualcosa di veramente interessante?

14a. È andato via senza dire una cosa di quello che lui pensa di te.
14b. È andato via senza dire niente di quello che lui pensa di te.

Errato uso degli indefiniti

Soluzioni e spiegazioni

1 a. 2 a. 3 b. 4 b. 5 b. 6 b. 7 b. 8 b. 9 a. 10 b. 11 b.
12 b. 13 b. 14 a.

SINGULAR		PLURAL		
MASKULIN	FEMININ	MASKULIN	FEMININ	
ciascuno	ciascuna			jede(r)
nessuno	nessuna			kein(e, er) / niemand
uno	una			ein(e, er)
ogni				jede(r)
qualche				einige / irgendein(e)
qualunque				jede(r) beliebige
qualsiasi				jede(r) beliebige
qualcuno	qualcuna			jemand
ognuno	ognuna			jeder Mensch
qualcosa				etwas
niente / nulla				nichts
alcuno	alcuna	alcuni	alcune	einige
certo	certa	certi	certe	gewisse(r)
chiunque				jedermann
		tutti e / tutte e due		alle beide

Parte terza:
Tipici errori grammaticali

Comparativo

Qual è l'errore?

1. Roma è più grande come Milano.

2. Il vino rosso mi piace più che il vino bianco.

3. In Italia la temperatura è più alta come in Germania.

4. Prendo questa camicia perché ha un bel colore e costa meno che l'altra.

5. Oggi ho meno voglia di lavorare che ieri.

6. Durante l'inverno fa meno caldo come l'estate.

7. Questa montagna è più alta che l'altra.

8. Quest'anno sono venuti meno turisti come l'anno scorso.

9. Io penso che la maggior parte delle persone conosca il mondo più che te.

10. Se pensi che qui la gente abbia meno problemi di in altre città fai un grosso sbaglio.

11. Queste arance sono meno dolci che le altre.

12. Le mie scarpe sono così eleganti che le tue.

13. I capelli di Maria sono più lunghi di belli.

14. Hai visto «Il nome della rosa» di Umberto Eco? – Sì, ma il libro mi è piaciuto più che il film.

Comparativo

Frasi corrette

1. Roma è **più** grande **di** Milano.

2. Il vino rosso mi piace **più del** vino bianco.

3. In Italia la temperatura è **più** alta **che** in Germania.

4. Prendo questa camicia perché ha un bel colore e costa **meno dell'**altra.

5. Oggi ho **meno** voglia di lavorare **di** ieri.

6. Durante l'inverno fa **meno** caldo **che** in estate.

7. Questa montagna è **più** alta **dell'**altra.

8. Quest'anno sono venuti **meno** turisti **dell'**anno scorso.

9. Io penso che la maggior parte delle persone conosce il mondo **più di** te!

10. Se pensi che qui la gente abbia **meno** problemi **che** in altre città fai un grosso sbaglio.

11. Queste arance sono **meno** dolci **delle** altre.

12. Le mie scarpe sono **così** eleganti **come** le tue.

13. I capelli di Maria sono **più** lunghi **che** belli.

14. Hai visto «Il nome della rosa» di Umberto Eco? – Sì, ma il libro mi è piaciuto **più del** film.

Comparativo

Qual è la forma sbagliata?

1a. In estate ci divertiamo più dell'inverno.
1b. In estate ci divertiamo più che in inverno.

2a. Il mio appartamento è meno piccolo che il tuo.
2b. Il mio appartamento è meno piccolo del tuo.

3a. Questo autobus è così veloce del il prossimo.
3b. Questo autobus è così veloce come il prossimo.

4a. Il maglione di Hans è tanto caldo del maglione di Sabine.
4b. Il maglione di Hans è tanto caldo quanto il maglione di Sabine.

5a. Prendiamo questa strada: è più larga dell'altra.
5b. Prendiamo questa strada: è più larga che l'altra.

6a. È meno facile fare che dire.
6b. È più facile dire di fare.

7a. La mia automobile è più vecchia come la tua.
7b. Oggi il tempo è meno bello di ieri.

8a. Lui ha più soldi del cervello.
8b. Lui ha meno cervello che soldi.

9a. Di questo fatto ne so meno di te.
9b. Preferisco restare a casa piuttosto di andare a vedere questo brutto film!

10a. Questa casa è più alta che l'altra.
10b. Questo palazzo è più antico dell'altro.

11a. Questo vestito è più caro che buono.
11b. Questo vestito è più caro di buono.

Comparativo

1 a. 2 a. 3 a. 4 a. 5 b. 6 b. 7 a. 8 a. 9 b. 10 a. 11 b.

Der Komparativ legt die Rangordnung zweier Termini in der Gegen-
überstellung fest. Er hat im Italienischen drei Formen:
1. Comparativo di maggioranza: *più di / più che*: mehr als
2. Comparativo di minoranza: *meno di / meno che*: weniger als
3. Comparativo di uguaglianza: *tanto quanto / così come*: soviel wie,
   so... wie

Die Kombination **più di / meno di** wird bei **Substantiven** verwendet:
Il vino rosso mi piace più del vino bianco.
Il vino bianco mi piace meno del vino rosso.

Die Kombination **più che / meno che** wird bei **Adjektiven** und **Verben**
verwendet:
Tu credi che telefonare sia meglio che spedirle una lettera?
La televisione è più noiosa che interessante.

Bei der einfachen Vergleichsform werden **tanto quanto** und **così come**
gleichermaßen bei **Adjektiven** verwendet:
Oggi è tanto freddo quanto ieri.
Questa strada è così buona come l'altra.

Ausiliare essere o avere

Qual è l'errore?

1. Sono camminato per diverse ore.

2. È bastato guardarlo negli occhi per capire che aveva raccontato una storia.

3. Il film ha durato quasi tre ore.

4. Mi domando a cosa sia servito tutto il lavoro svolto.

5. L'anno scorso sono viaggiato molto per il mondo.

6. Mentre aspettavo il traghetto ho vagato per qualche ora per la città.

7. Tu credi che Romolo ha esistito veramente?

8. Quanto ti ha costato la nuova macchina?

9. Questo film non mi ha piaciuto per niente!

10. Incredibile ha nuotato per ore e ore senza stancarsi.

11. Cristoforo Colombo ha navigato per molti giorni prima di scoprire l'America.

12. Siamo dovuto marciare per molte ore per potere arrivare al laghetto in mezzo al bosco.

13. È divagato su fatti secondari per non rispondere alla domanda.

14. Non capisco a cosa gli abbia giovato di lavorare così tanto!

15. Questa è la migliore pista da sci sulla quale io sia sciato.

16. Il loro rapporto è durato solo qualche giorno.

17. Sarebbe diverso il mondo se tutte le divinità avessero esistite veramente?

Ausiliare essere o avere

Frasi corrette

1. **Ho** camminato per diverse ore.

2. È bastato guardarlo negli occhi per capire che aveva raccontato una storia.

3. Il film **è** durato quasi tre ore.

4. Mi domando a cosa sia servito tutto il lavoro svolto.

5. L'anno scorso **ho** viaggiato molto per il mondo.

6. Mentre aspettavo il traghetto ho vagato per qualche ora per la città.

7. Tu credi che Romolo **è** esistito veramente?

8. Quanto ti **è** costata la nuova macchina?

9. Questo film non mi **è** piaciuto per niente!

10. Incredibile ha nuotato per ore e ore senza stancarsi.

11. Cristoforo Colombo ha navigato per molti giorni prima di scoprire l'America.

12. **Abbiamo** dovuto marciare per molte ore per potere arrivare al laghetto in mezzo al bosco.

13. **Ha** divagato su fatti secondari per non rispondere alla domanda.

14. Non capisco a cosa gli **sia** giovato di lavorare così tanto!

15. Questa è la migliore pista da sci sulla quale io **abbia** sciato.

16. Il loro rapporto è durato solo qualche giorno.

17. Sarebbe diverso il mondo se tutte le divinità **fossero** esistite veramente?

Ausiliare essere o avere

Scegliete il verbo adatto

1. Francesco .... girato l'Europa in lungo ed in largo.

2. Non si sa ancora perché il treno .... deragliato.

3. Quanti profughi .... già vagato per il mondo.

4. Quella caduta .... bastata a fargli capire che deve stare più attento.

5. Ad essere sincero a me .... piaciuto molto il suo modo di fare.

6. Durante il servizio militare .... dovuto marciare troppo a lungo.

7. Ma secondo me .... dipeso dal suo cattivo carattere.

8. Quanti passeggeri .... sopravvissuti all'attentato?

9. Ieri mi .... parso un po' scocciato, stufo di ripetere tutti i giorni le stesse cose.

10. Solo dopo molto tempo si è accorta che lei gli .... servita solo per raggiungere uno scopo ben preciso.

11. Se ne sono accorti tutti i presenti di quanto quelle parole le .... dispiaciute.

12. Giovanni mi .... sembrato molto su di giri.

13. Ti .... giovato di poterti sfogare con lui?

14. Senza dubbio questa macchina è più resistente della nuova, questa mi .... durata vent'anni, chissà quella nuova…

15. Questo vestito .... costato un occhio della testa!

Ausiliare essere o avere

Soluzioni e spiegazioni

1. ha girato   2. ha deragliato   3. hanno vagato   4. è bastata   5. è piaciuto   6. ho dovuto marciare   7. è dipeso   8. sono sopravvissuti
9. è parso   10. è servita   11. siano dispiaciute   12. è sembrato
13. è giovato   14. è durata   15. è costato

Anders als im Deutschen werden folgende Verben mit **avere** konjugiert:
camminare: gehen   **deragliare:** entgleisen   **divagare:** abschweifen
girare: herumkommen   **marciare:** marschieren   **navigare:** zu Wasser fahren   **nuotare:** schwimmen   **passeggiare:** spazierengehen   **sciare:** Ski fahren   **vagare:** umherziehen   **viaggiare:** reisen

Umgekehrt werden die folgenden Verben mit **essere** konjugiert:
bastare: ausreichen   **consistere:** bestehen   **costare:** kosten   **dipendere:** abhängen   **dispiacere:** mißfallen, leid tun   **durare:** dauern
esistere: existieren   **giovare:** nützen   **parere:** scheinen   sembrare: scheinen   **piacere:** gefallen   **servire:** nützen   **sopravvivere:** überleben

Ausiliare essere o avere

Qual è l'errore?

1. Il corso d'italiano era buono, io però non ho imparato molto perché per motivi vari ho mancato molte vote.

2. In Italia le banche hanno aperto fino alle 14.

3. Ho fatto una dieta e ho dimagrito di tre chili al mese.

4. Luigi si ha meravigliato quando ha ricevuto la tua lettera.

5. Volevo comprare del vino, ma il vinaio ha già chiuso.

6. Gianni è stato sempre magro, non capisco come si abbia ingrassato in un tempo così breve.

7. Ieri sera ha mancato la corrente per più di un'ora.

8. Questo libro lo ha letto anche mio fratello, ma penso che non gli ha piaciuto.

9. Le sue opinioni sulla situazione politica mi hanno piaciuto poco!

10. Durante il giorno non mi ho potuto riposare perché non ho avuto nemmeno un momento libero.

11. Marco si ha arrabbiato perché voleva fare la spesa e i negozi erano già chiusi.

12. I nostri amici si hanno sposato due anni fa.

13. Tutti parlano bene di questo ristorante, ma se devo dirti la verità, a me la loro cucina non ha piaciuto.

Ausiliare essere o avere

Frasi corrette

1. Il corso d'italiano era buono, io però non ho imparato molto perché per motivi vari **sono mancato** molte vote.

2. In Italia le banche **sono aperte** fino alle 14.

3. Ho fatto una dieta e **sono dimagrito** di tre chili al mese.

4. Luigi **si è meravigliato** quando ha ricevuto la tua lettera.

5. Volevo comprare del vino, ma il vinaio **ha** già **chiuso**.

6. Gianni è stato sempre magro, non capisco come **si sia ingrassato** in un tempo così breve.

7. Ieri sera **è mancata** la corrente per più di un'ora.

8. Questo libro lo ha letto anche mio fratello, ma penso che non gli **sia piaciuto**.

9. Le sue opinioni sulla situazione politica **mi sono piaciute** poco!

10. Durante il giorno non **mi sono potuto riposare** perché non ho avuto nemmeno un momento libero.

11. Marco **si è arrabbiato** perché voleva fare la spesa e i negozi erano già chiusi.

12. I nostri amici **si sono sposati** due anni fa.

13. Tutti parlano bene di questo ristorante, ma se devo dirti la verità, a me la loro cucina non **è piaciuta**.

Ausiliare essere o avere

Qual è la forma sbagliata?

1 a. Ti hai arrabbiato per così poco?
1 b. Mi sono arrabbiato perché lui è arrivato troppo tardi.

2 a. Elena si ha ingrassata: ha mangiato molta pasta.
2 b. Giulia ha mangiato più di Elena e non si è ingrassata minima-
mente.

3 a. I miei genitori si sono sposati per amore.
3 b. Quando noi due ci abbiamo sposato è successo uno scandalo:
non ci siamo sposati in chiesa!

4 a. Ti è piaciuta la serata con i miei amici?
4 b. Mi avrebbe piaciuto fare il pilota d'aereo.

5 a. In tre mesi ho dimagrito di quattro chili.
5 b. In tre mesi sono dimagrito di quattro chili.

6 a. Ci abbiamo meravigliati al momento di pagare il conto!
6 b. Noi non ci siamo meravigliati per il prezzo, ma per la squisitezza
dei cibi.

7 a. La festa è stata bellissima, peccato che sei mancato tu.
7 b. Alla riunione ha mancato molta gente.

8 a. L'ufficio è chiuso.
8 b. Oggi è festa, i negozi hanno chiuso.

9 a. No, ieri non sono uscito perché mi sono voluto riposare.
9 b. No, ieri non è venuto perché si ha voluto riposare.

10 a. Giorgio si ha arrabbiato per niente.
10 b. Giorgio si è arrabbiato per niente.

Essere o avere

1 a. 2 a. 3 b. 4 b. 5 a. 6 a. 7 b. 8 b. 9 b. 10 a.

Avere wird gebraucht mit:
1. allen transitiven Verben mit Ausnahme der reflexiven (transitive Verben sind Verben wie *mangiare, bere, comprare*, die ein direktes Objekt haben): *noi non abbiamo letto il giornale.*

2. mit folgenden intransitiven Verben:
camminare, dormire, girare, nuotare, passeggiare, ridere, viaggiare

Essere wird gebraucht mit:
1. reflexiven Verben: *mi sono alzato alle otto*
2. intransitiven Verben: *sono andato a casa*
3. unpersönlichen Verben und unpersönlichen Formen: *è bastato parlare con lui, è piovuto*
4. modalen Verben (*volere, potere, dovere, sapere*), wenn auf sie ein Verb folgt, das mit essere konjugiert wird:
   io sono dovuto partire, denn: *io sono partito*
   perché non è potuta andare?, denn: *è andata*
   voi siete voluti restare, denn: *siete restati*
   (In der Umgangssprache verwendet man auch haben: *io sono dovuto partire* oder *io ho dovuto partire*)

Mit essere bezieht sich das Partizip Perfekt auf das Subjekt: *lui è andato, lei è andata, Maria e Sara sono andate, Giorgio e Pino sono andati*

Das Partizip Perfekt verändert sich mit avere nur, wenn ein Akkusativpronomen vor dem Verb steht:
io ho mangiato una mela, aber: *io l'ho mangiata tutta*

Einige Verben können sowohl mit essere als auch mit avere verwendet werden, wobei ein Bedeutungsunterschied oder eine unterschiedliche Verwendung (oft transitiv/intransitiv) besteht: *la partita è finita* das Spiel ist aus; *ho finito il mio lavoro* ich bin mit meiner Arbeit fertig

Verbi riflessivi

Qual è l'errore?

1. Ho intenzione di abbonare ad un quotidiano.

2. Il mio nome è molto antico: chiamo Brunilde.

3. Ultimamente andiamo molto d'accordo: la situazione si è cambiata.

4. La macchina è fermata improvvisamente.

5. Lui ha tutta la mia fiducia: io fido di lui.

6. La sua salute si peggiora ogni giorno di più.

7. Ieri sera ero così stanco che sono addormentato di colpo.

8. Io congratulo con te per il tuo nuovo lavoro.

9. Finalmente mi sento di nuovo in forma: alleno due ore al giorno.

10. Non spaventi per così poco!

11. Io ho laureato l'anno scorso.

12. C'è un'altra crisi di governo perché sono dimessi due ministri.

13. Arrivati a questo punto non stupisco più di niente!

14. In Jugoslavia gli eventi si precipitano sempre di più.

15. Quel bambino è agile come una scimmia: è arrampicato sull'albero.

16. Sono le undici e voi siete ancora a letto: svegliate!

17. Accidenti come piove! Bagneremo dalla testa ai piedi.

18. Questo bambino dondola già da diverse ore sull'altalena.

Verbi riflessivi

Frasi corrette

1. Ho intenzione di **abbonarmi** ad un quotidiano.

2. Il mio nome è molto antico: **mi chiamo** Brunilde.

3. Ultimamente andiamo molto d'accordo: la situazione è **cambiata**.

4. La macchina **si è fermata** improvvisamente.

5. Lui ha tutta la mia fiducia: io **mi fido** di lui.

6. La sua salute **peggiora** ogni giorno di più.

7. Ieri sera ero così stanco che **mi sono addormentato** di colpo.

8. Io **mi congratulo** con te per il tuo nuovo lavoro.

9. Finalmente mi sento di nuovo in forma: **mi alleno** due ore al giorno.

10. Non **spaventarti** per così poco!

11. Io **mi sono laureato** l'anno scorso.

12. C'è un'altra crisi di governo perché **si sono dimessi** due ministri.

13. Arrivati a questo punto non **mi stupisco** più di niente!

14. In Jugoslavia gli eventi **precipitano** sempre di più.

15. Quel bambino è agile come una scimmia: **si è arrampicato** sull'albero.

16. Sono le undici e voi siete ancora a letto: **svegliatevi**!

17. Accidenti come piove! **Ci bagneremo** dalla testa ai piedi.

18. Questo bambino **si dondola** già da diverse ore sull'altalena.

Verbi riflessivi

Scegliete il verbo adatto

addormentarsi   allenarsi   cambiare   chiamarsi   congratularsi
dimettersi   dondolarsi   fermarsi   fidarsi   laurearsi   peggiorare
precipitare   spaventarsi   stupirsi   svegliarsi

1. Il capo .... con lui per l'ottimo lavoro che ha svolto.

2. È .... dall'ottavo piano mentre puliva i vetri delle finestre.

3. Purtroppo le sue condizioni fisiche .... sempre di più.

4. Ho così tanti problemi in testa che quando la sera vado a letto non riesco ad ....

5. Se Dio vuole l'anno prossimo, dopo otto anni di studio, riuscirò a ....

6. Questo è il campo sportivo dove .... la squadra di calcio del paese.

7. Scusi, dove .... l'autobus per Orvieto?

8. A causa della passività dei soci, il presidente dell'associazione ha minacciato di ....

9. La nuova segretaria non fa altro che .... sulla sedia!

10. Non è così semplice .... di una persona così instabile come lui.

11. Non sai mica come .... il nostro nuovo collega?

12. Troppi vizi: da domani voglio .... il mio modo di vivere!

13. Quella donna è un genio! Non finisco mai di .... per la sua mostruosa intelligenza.

14. Non puoi immaginarti come .... quando li ho visti coinvolti nell'incidente.

15. Quando sono in vacanza vado a dormire tardissimo e così la mattina dopo non riesco a ....

Verbi riflessivi

Soluzioni e spiegazioni

1. si è congratulato 2. precipitato 3. peggiorano 4. addormentarmi 5. laurearmi 6. si allena 7. si ferma 8. dimettersi 9. dondolarsi 10. fidarsi 11. si chiama 12. cambiare 13. stupirmi
14. mi sono spaventato 15. alzarmi

Verben, die im Italienischen reflexiv sind, im Deutschen aber nicht:

abbonarsi a qualcosa: etwas abonnieren **accomodarsi:** Platz nehmen **accorgersi di qualcosa:** etwas (be)merken **addormentarsi:**
einschlafen **allenarsi:** trainieren **alzarsi:** aufstehen **ammalarsi di
qualcosa:** an etwas erkranken **andarsene:** weggehen **appellarsi a
qualcuno/qualcosa:** an jemanden/etwas appellieren **arenarsi:**
stranden **arrampicarsi su qualcosa:** auf etwas klettern **bagnarsi:**
baden, naß werden **chiamarsi:** heißen **comporsi di qualcosa:** aus
etwas bestehen **comunicarsi:** kommunizieren **confessarsi:** beich-
ten **congratularsi con qualcuno di/per qualcosa:** jemandem zu
etwas gratulieren **dimettersi:** zurücktreten **dolersi di qualcosa:**
etwas bedauern **dondolarsi:** schaukeln **fermarsi:** stehenbleiben
fidarsi di qualcuno: jemandem trauen **immettersi:** münden **infil-
trarsi:** einsickern **introdursi:** eindringen **laurearsi:** promovieren
levarsi: aufstehen **licenziarsi:** (selbst) kündigen **pentirsi di qualcosa:** etwas bereuen **ribellarsi a qualcosa/qualcuno:** gegen etwas/
jemanden rebellieren **rompersi:** zerbrechen **sommergersi:** unter-
gehen, sinken **spaventarsi:** erschrecken **spegnersi:** erlöschen
stupirsi di qualcosa: über etwas staunen **svegliarsi:** aufwachen

Vorsicht: **precipitarsi:** sich stürzen; **precipitare:** hinabstürzen

Verben, die im Deutschen reflexiv sind, aber nicht im Italienischen:

ammontare a qualcosa: sich belaufen auf **cambiare:** sich ändern
congiurare contro qualcuno: sich gegen jemanden verschwören **dif-
ferire da qualcosa:** sich von etwas unterscheiden **girare:** sich drehen
insorgere contro qualcuno: sich gegen jemanden erheben **migliorare:** sich bessern **pazientare:** sich gedulden **peggiorare:** sich ver-
schlechtern **serpeggiare:** sich schlängeln **soggiornare:** sich aufhalten

Verbi di uso riflessivo e non

Qual è l'errore?

1. Il treno non è fermato in quella piccola stazione.

2. In quale zona della Sicilia trova Niscemi?

3. Si è suicidato: è ucciso con un veleno.

4. I carabinieri si fermano le macchine all'incrocio.

5. Questo lavoro mi sta ammazzando!

6. Non è servito a niente che io oggi sono alzato presto.

7. Sandra sta male: bisogna chiamare un medico.

8. Sei riuscito a trovare le chiavi della macchina?

9. La mamma si addormenta i due bambini.

10. Questo pacco è pesantissimo: non riesco ad alzarlo.

11. Per fortuna si è spento il fuoco.

12. Non riesco più a dormire bene: sveglio continuamente.

13. Ma perché non spegni quella sigaretta?

14. Sì, dai, non scoraggiare. Troverai il modo come risolvere questo problema.

15. Una macchina ha ammazzato il mio cane.

16. Secondo me tu non ti credi in Dio.

17. Ho un bel raffreddore, devo stare attento a non bagnarmi.

18. Che tipo arrogante! Ma chi si crede di essere?

Verbi di uso riflessivo e non

Frasi corrette

1. Il treno non **si è fermato** in quella piccola stazione.

2. In quale zona della Sicilia **si trova** Niscemi?

3. Si è suicidato: **si è ucciso** con un veleno.

4. I carabinieri **fermano** le macchine all'incrocio.

5. Questo lavoro mi sta ammazzando!

6. Non è servito a niente che io oggi **mi sono alzato** presto.

7. Sandra sta male: bisogna **chiamare** un medico.

8. **Sei riuscito** a trovare le chiavi della macchina?

9. La mamma **addormenta** i due bambini.

10. Questo pacco è pesantissimo: non **riesco ad** alzarlo.

11. Per fortuna **si è spento** il fuoco.

12. Non riesco più a dormire bene: **mi sveglio** continuamente.

13. Ma perché non **spegni** quella sigaretta?

14. Sì, dai, non **ti scoraggiare**. Troverai il modo come risolvere questo problema.

15. Una macchina **ha ammazzato** il mio cane.

16. Secondo me tu non **credi** in Dio.

17. Ho un bel raffreddore, devo stare attento a non **bagnarmi**.

18. Che tipo arrogante! Ma chi **si crede** di essere?

Verbi di uso riflessivo e non

Qual è la frase giusta?

1a. A che ora sei alzato ieri mattina?
1b. A che ora ti sei alzato ieri mattina?

2a. Ho acceso la radio per ascoltare il notiziario.
2b. Mi ho acceso la radio per ascoltare il notiziario.

3a. Qualche volta è difficile addormentarsi i bambini.
3b. Qualche volta è difficile addormentare i bambini.

4a. Fare l'autostop è difficile perché fermano poche macchine.
4b. Fare l'autostop è difficile perché si fermano poche macchine.

5a. Lo scandalo lo ha sconvolto: il ministro Corrottino è ucciso!
5b. Lo scandalo lo ha sconvolto: il ministro Corrottino si è ucciso!

6a. Accidenti! Non mi ricordo se mi ho spento la luce, prima di uscire di casa.
6b. Accidenti! Non mi ricordo se ho spento la luce, prima di uscire di casa.

7a. Scusa, ma tu hai un nome così strano che non mi ricordo come ti chiami.
7b. Scusa, ma tu hai un nome così strano che non mi ricordo come chiami.

8a. Io l'ammiro! Sebbene abbia tutti quei problemi non si scoraggia per niente.
8b. Io l'ammiro! Sebbene abbia tutti quei problemi non scoraggia per niente.

9a. Quell'uomo è più forte di Ercole: si alza un peso di duecento chili come se fossero duecento grammi.
9b. Quell'uomo è più forte di Ercole: alza un peso di duecento chili come se fossero duecento grammi.

Verbi di uso riflessivo e non

Soluzioni e spiegazioni

1 b. 2 a. 3 b. 4 b. 5 b. 6 b. 7 a. 8 a. 9 b.

accendere: anzünden, einschalten
accendersi: sich entzünden

addormentare: zum Schlafen bringen
addormentarsi: einschlafen

alzare: hochheben
alzarsi: aufstehen

ammazzare: umbringen
ammazzarsi: umkommen, sich umbringen

bagnare: naß machen
bagnarsi: naß werden, baden

chiamare: rufen
chiamarsi: heißen

fermare: jemanden / etwas anhalten
fermarsi: anhalten, sich aufhalten

scoraggiare: entmutigen
scoraggiarsi: mutlos werden

spegnere: löschen, ausschalten
spegnersi: erlöschen, ausgehen

svegliare: wecken
svegliarsi: aufwachen

trovare: finden
trovarsi: sich befinden

uccidere: töten
uccidersi: umkommen, sich umbringen

L'articolo sbagliato

Qual è l'errore?

1. Si il mio proposto non ti piace, allora devi proporre tu qualcosa di meglio!

2. Questo non è la tema della nostra discussione.

3. La mondo è troppo piccolo.

4. Questo non è le giornale di oggi.

5. Cosa vuol dirci la poeta Goethe con il suo: «I dolori del giovane Werther»?

6. La poeta Grazia Deledda è nata in Sardegna.

7. Gabriella è la nostra professora d'italiano.

8. Karin, la studente di storia dell'arte, ha fatto un viaggio di studio a Pompei.

9. I studenti vogliono fare una pausa.

10. La comune di questa città fa molto per il turismo.

11. Il stazione è sempre piena.

12. Durante il giorno la sole è molto calda.

13. Ieri abbiamo fatto un giro con la gruppa.

14. Loro sono vegetariani e non mangiano il carne.

15. Quando c'è il luna piena non dormo bene.

16. Questo è la bar dove andiamo spesso.

17. Mi puoi aspettare uno momento qui?

L'articolo sbagliato

Frasi corrette

1. Se **la mia proposta** non ti piace, allora devi proporre tu qualcosa di meglio!

2. Questo non è **il tema** della nostra discussione.

3. **Il** mondo è troppo piccolo.

4. Questo non è **il giornale** di oggi.

5. Cosa vuol dirci **il poeta** Goethe con il suo: «I dolori del giovane Werther»?

6. **La poetessa** Grazia Deledda è nata in Sardegna.

7. Gabriella è **la** nostra **professoressa** d'italiano.

8. Karin, **la studentessa** di storia dell'arte, ha fatto un viaggio di studio a Pompei.

9. **Gli studenti** vogliono fare una pausa.

10. **Il comune** di questa città fa molto per il turismo.

11. **La stazione** è sempre piena.

12. Durante il giorno **il sole** è molto **caldo**.

13. Ieri abbiamo fatto un giro con **il gruppo**.

14. Loro sono vegetariani e non mangiano **la carne**.

15. Quando c'è **la luna** piena non dormo bene.

16. Questo è **il bar** dove andiamo spesso.

17. Mi puoi aspettare **un momento** qui?

L'articolo sbagliato

Qual è la forma sbagliata?

1a. Leila fa la proposta di passare il fine settimana da lei, in campagna.
1b. Il proposto di Giuliano mi sembra interessante.

2a. Il tema di questo congresso è l'aids.
2b. Con Luigi non si può parlare perché cambia sempre la tema del discorso.

3a. Non ho detto che voglio fare una programma per tutta la vita, ma vorrei sapere se ci vediamo stasera!
3b. Questo mi sembra un buon programma culturale.

4a. Il poeta Dante ha scritto: La Divina Commedia.
4b. Anaïs Nin è la poeta che ha scritto: il Delta di Venere.

5a. Oggi la professoressa non è venuta.
5b. La professora di mio figlio è molto giovane.

6a. Marina è la studente che ha ritirato il libro dalla biblioteca.
6b. – Lei lavora, signora? – No, sono studentessa.

7a. La comune chiude alle 14.
7b. La comune dove abitavo era caotica ma interessante.

8a. Ogni giorno passo per il stazione centrale.
8b. La stazione di Orvieto è piccola.

9a. Io vado a prendere la sole.
9b. Sta attento, il sole scotta oggi!

10a. Partiamo domani con la gruppa.
10b. Giovanni ci aspetta al parco con il gruppo.

11a. Preferisco la carne di vitello.
11b. Carla mangia raramente il carne.

12a. Eravamo in spiaggia e c'era la luna piena.
12b. Una volta al mese il luna è piena.

13a. Se il bar Moderno è chiuso ci troviamo in piazza.
13b. È questo la bar dove fanno il cappuccino buono?

L'articolo sbagliato

Soluzioni e spiegazioni

1 b.   2 b.   3 a.   4 b.   5 b.   6 a.   7 a.   8 a.   9 a.   10 a.   11 b.
12 b.   13 b.

il bar: Bar   *il bar è un'istituzione sociale*
la carne: Fleisch   *facciamo un arrosto di carne di maiale?*
il comune: Gemeinde, Rathaus   *è impiegato al comune*
la comune: Kommune (historisch)   *la comune di Parigi*
il giornale: Zeitung   *hai letto il giornale di oggi?   Il giornale di viaggio* (Reisetagebuch) *non è completo*
il gruppo: Gruppe   *il gruppo è un sostantivo maschile*
il lavoro: Arbeit   *questo è un lavoro da cani!*
la luna: Mond   *in italiano la luna è femminile*
un momento: Augenblick   *puoi aspettare un momento?*
il mondo: Welt   *non mi piace il mondo del lavoro*
il poeta: Dichter   *Roberto Galante è un grande poeta   Sandra Veronelli è una poetessa sconosciuta*
il programma: Programm   *fissiamo il programma per l'anno prossimo*
la proposta: Vorschlag   *fare una proposta* einen Vorschlag machen *una proposta di legge* Gesetzesvorlage   *una proposta di matrimonio* Heiratsantrag
il sole: Sonne   *oggi il sole è troppo forte*
la stazione: Bahnhof   *il treno parte dalla stazione di Crotone*
la studentessa: Studentin   *è una studentessa universitaria*
lo studente (Plural *gli studenti*): Student
il tema: Gegenstand, Thema   *di quale tema parliamo oggi?   gli studenti hanno scritto un tema* (Aufsatz)

Bisognare e forme corrispondenti

Qual è l'errore?

1. Quanto tempo hai bisogno da Roma a Milano?

2. Io servo il tuo aiuto.

3. Quanti soldi si necessita per comprare questa casa?

4. Con la macchina ho bisogno di dieci minuti per arrivare da te.

5. Dimmi che cosa hai bisogno?

6. Ti prego di venire perché è bisogno del tuo aiuto.

7. Va bene, allora non è bisogno che venga.

8. Quanto tempo mette l'autobus fino a Orvieto?

9. Serve i miei documenti?

10. Per finire questo lavoro ho bisogno un giorno.

11. Antonio non è per niente d'accordo della mia idea, ma se ci parli tu non ti bisogna niente a convincerlo.

12. Ci metti ancora molto tempo?
    – No, ho quasi finito mi bisogna solo dieci minuti.

13. Ho risolto tutti i problemi, però mi hanno voluto molti soldi.

14. Per andare a New York vuole il visto.

15. Per rimettermi mi bisognerebbe una vacanza al mare.

Bisognare e forme corrispondenti

Frasi corrette

1. Quanto tempo **ti ci vuole** da Roma a Milano?

2. **Mi serve** il tuo aiuto.

3. Quanti soldi **ci vogliono** per comprare questa casa?

4. Con la macchina **ci impiego** dieci minuti per arrivare da te.

5. Dimmi **di** che cosa **hai bisogno**?

6. Ti prego di venire, perché **c'è bisogno del** tuo aiuto.

7. Va bene, allora non **c'è bisogno** che venga.

8. Quanto tempo **ci mette** l'autobus fino a Orvieto?

9. **Servono** i miei documenti?

10. Per finire questo lavoro **ci impiego** un giorno.

11. Antonio non è per niente d'accordo con la mia idea, ma se ci parli tu non **ti ci vuole** niente a convincerlo.

12. Ci metti ancora molto tempo?
    – No, ho quasi finito, **mi ci vogliono** solo dieci minuti.

13. Ho risolto tutti i problemi, però **mi ci sono voluti** molti soldi.

14. Per andare a New York **ci vuole** il visto.

15. Per rimettermi **mi ci vorrebbe** una vacanza al mare.

Bisognare e forme corrispondenti

Qual è la forma sbagliata?

1a. Quanti minuti hai bisogno ad arrivare qui?
1b. Quanti soldi ti ci vogliono per il biglietto?

2a. Servo che io sia presente?
2b. Se ti serve qualcosa, lui è a tua disposizione.

3a. Qui ci vogliono delle persone esperte.
3b. Qui si necessita ancora molte ore di lavoro.

4a. C'impieghi ancora molto?
4b. Hai bisogno ancora molto?

5a. Che cosa hai bisogno quando piove?
5b. Di che cosa hanno ancora bisogno?

6a. È bisogno urgentemente del tuo intervento.
6b. Non c'è più bisogno che mi accompagni a casa.

7a. Ugo è un tipo sensibile, vuole tatto per andarci d'accordo.
7b. Ugo è un tipo sensibile, ci vuole tatto per andarci d'accordo.

8a. Mi hanno voluto molti soldi per pagare i debiti.
8b. Mi ci sono voluti molti soldi per pagare i debiti.

9a. E lui? Quanto tempo ha impiegato con la bicicletta?
9b. E lui? Quanto tempo ha voluto con la bicicletta?

Bisognare e forme corrispondenti

1 a.   2 a.   3 b.   4 b.   5 a.   6 a.   7 a.   8 a.   9 b.

ICH BRAUCHE	
FORMA PERSONALE	FORMA IMPERSONALE
metterci (zeitlich)	mi serve / servono / serve
impiegare (zeitlich)	mi ci vuole / vogliono
	(ich brauche, ich kann
ho bisogno di (allgemein)	gebrauchen)

MAN BRAUCHT	
SINGULAR	PLURAL
ci vuole	ci vogliono
occorre	occorrono

Plurale irregolare

Qual è l'errore?

1. Molti films di Fellini sono conosciuti in tutto il mondo.

2. Mi occorrono quattro uovi per questa ricetta.

3. Oggi la segretaria non è venuta in ufficio, perché ha dei dolori alle diti.

4. I capelli di Giovanna sono neri e i suoi labbri sono rosse e carnose.

5. Mi piacciono moltissimo le donne che hanno le dita lunghe e affusolate.

6. Sto proprio invecchiando: mi fanno continuamente male le ginocchia

7. Che cosa ti attira innanzitutto di una donna?
   — Il viso… e i mani naturalmente.

8. Si nota un'infezione ai bordi dei labbri della ferita.

9. Le braccia del fiume, in questa zona, passano, uno a est e l'altro ad ovest del monte.

10. Da qualche giorno soffro di reumatismi alle bracci.

11. I pollici delle due mani sono le dita più importanti.

12. In inverno porto sempre calze di lana che mi arrivano alle ginocchia.

13. Oggi ho mangiato solo otto uova al tegamino.

14. Questa settimana ci sono pochi film da vedere.

15. Durante il concerto la gente batteva le mani a ritmo della musica.

Plurale irregolare

1. Molti **film** di Fellini sono conosciuti in tutto il mondo.

2. Mi occorrono quattro **uova** per questa ricetta.

3. Oggi la segretaria non è venuta in ufficio, perché ha dei dolori alle **dita**.

4. I capelli di Giovanna sono neri e **le sue labbra** sono rosse e carnose.

5. Mi piacciono moltissimo le donne che hanno le dita lunghe e affusolate.

6. Sto proprio invecchiando: mi fanno continuamente male le ginocchia.

7. Che cosa ti attira innanzitutto di una donna?
   – Il viso… e **le mani** naturalmente.

8. Si nota un'infezione ai bordi dei labbri della ferita.

9. **I bracci** del fiume, in questa zona, passano, uno a est e l'altro ad ovest del monte.

10. Da qualche giorno soffro di reumatismi alle **braccia**.

11. I pollici delle due mani sono **i diti** più importanti.

12. In inverno porto sempre calze di lana che mi arrivano alle ginocchia.

13. Oggi ho mangiato solo otto **uova** al tegamino.

14. Questa settimana ci sono pochi film da vedere.

15. Durante il concerto la gente batteva le mani a ritmo della musica.

Plurale irregolare

Qual è la forma sbagliata?

1 a. Accidenti! Ho dimenticato di comprare le uova.
1 b. Ma non puoi nutrirti solo di uovi!

2 a. Da quando ha comprato il video registratore non fa altro che vedere film.
2 b. I films di fantascienza non mi piacciono per niente.

3 a. Si è rotto i bracci durante una gara di sci.
3 b. Si è rotto le braccia durante una gara di sci.

4 a. Qui si mangia da leccarsi i diti.
4 b. Per favore, togli le dita dal naso!

5 a. Le ginocchi di Lothar Matthäus sono assicurati.
5 b. Sono scivolato per terra e mi sono spellato i ginocchi.

6 a. Ci siamo baciati sui labbri.
6 b. Le labbra di Daniela sono veramente sensuali.

7 a. Anche tu mangi il pollo con le mani?
7 b. Togli i mani!

8 a. Il bambino è caduto e si è ferito alle ginocchia.
8 b. Il bambino è caduto e si è ferito alle ginocchie.

9 a. Il chirurgo ha avuto qualche difficoltà a cucire i labbri del taglio.
9 b. Il chirurgo ha avuto qualche difficoltà a cucire le labbra del taglio.

10 a. Spesso i diti anulari sono ornati da anelli e fedi.
10 b. Spesso le dita anulari sono ornati da anelli e fedi.

11 a. Quando piove molto, quella zona tra le braccia del fiume potrebbe venire sommersa.
11 b. Quando piove molto, quella zona tra i bracci del fiume potrebbe venire sommersa.

Plurale irregolare

1 b. 2 b. 3 a. 4 a. 5 a. 6 a. 7 b. 8 b. 9 b. 10 a. 11 a.

Einige Substantive weisen zwei Pluralformen auf, die verschiedene
Bedeutungen haben:
il braccio: Arm **i bracci:** Seitenarme, Enge *i bracci del fiume, i
bracci di mare* (Meerenge) *i bracci di terra* (Landzunge) **le braccia:**
Arme, Arbeitskräfte *mi fanno male le braccia; avere buone braccia*

il ciglio: die Wimper **i cigli:** die Ränder *i cigli della strada* **le
ciglia:** die Wimpern *le ciglia degli occhi*

il corno: das Horn **i corni:** Horninstrumente *i corni da caccia*
(Waldhörner) **le corna:** die Hörner *le corne del toro*

il dito: Finger **i diti:** die einzelnen Finger / Zehen *i diti medi* **le dita:**
die Finger / Zehen insgesamt *le dita della mano*

il frutto: Frucht **i frutti:** Früchte, Ergebnisse *i frutti del lavoro* **la
frutta:** das Obst

il gesto: die Geste **i gesti:** die Gesten **le gesta:** die Taten

il grido: Schrei **i gridi:** Schreie (der Tiere) **le grida:** Schreie, Rufe
(der Menschen)

il ginocchio: das Knie **i ginocchi / le ginocchia:** die Knie (gleiche Bedeutung)

il labbro: Lippe **i labbri:** Ränder *i labbri della ferita* (Wundränder)
labbra: die Lippen

il lenzuolo: Bettlaken **i lenzuoli:** die einzelnen Leintücher **le lenzuola:** die Bettlaken (insgesamt) *le lenzuola sono sporche* (schmutzig)

il membro: Glied **i membri:** Mitglieder *i membri del partito* **le mem-
bra:** Gliedmaßen

il muro: Mauer **i muri:** Mauern, Wände *i muri della casa* **le mura:**
die Mauern *le mura della città* (Stadtmauer)

il riso: das Gelächter / der Reis **i risi:** die Reissorten **le risa:** Gelächter (auch *risate*)

Plurale irregolare

Qual è l'errore?

1. In questa cittadina ci sono due cinemi all'aperto.

2. Sono sicuro che oggi tutti i bars della zona sono affollati.

3. I programmi televisivi di questa settimana sono noiosi.

4. Esistono grandissime differenze tra le cittè italiane.

5. I risi degli spettatori erano così forti da sentirsi in tutta la strada.

6. Barbara ha comparto alcune paia di scarpe a Varese.

7. Con tutti i soldi che ho, mi occorre non una, bensì due cassaforti.

8. Le mezzanotti di fine anno vengono salutate con fiumi di spumante.

9. I giornalisti si sono buttati come avvoltoi su questo caso.

10. I risi asiatici sono stati trattati in modo completamente differente.

11. Le cassaforti più sicure sono quelle di questa marca.

12. I cigli degli occhi di Rosaria sono lunghissime.

13. Gli alberi del mio giardino sono carichi di frutti.

14. Saverio mangia tutti i giorni molti frutti.

15. Durante la corsa dei cavalli, la gente era ammassata fino ai cigli della strada.

Plurale irregolare

Frasi corrette

1. In questa cittadina ci sono due **cinema** all'aperto.

2. Sono sicuro che oggi tutti i **bar** della zona sono affollati.

3. I programmi televisivi di questa settimana sono noiosi.

4. Esistono grandissime differenze tra le **città** italiane.

5. **Le risa** degli spettatori erano così forti da sentirsi in tutta la strada.

6. Barbara ha comprato alcune paia di scarpe a Varese.

7. Con tutti i soldi che ho, mi occorre non una, bensì due **casseforti**.

8. **Le mezzenotti** di fine anno vengono salutate con fiumi di spumante.

9. I giornalisti si sono buttati come avvoltoi su questo caso.

10. I risi asiatici sono stati trattati in modo completamente differente.

11. **Le casseforti** più sicure sono quelle di questa marca.

12. **Le ciglia** degli occhi di Rosaria sono lunghissime.

13. Gli alberi del mio giardino sono carichi di frutti.

14. Saverio mangia tutti i giorni molt**a frutta**.

15. Durante la corsa dei cavalli, la gente era ammassata fino ai cigli della strada.

Plurale irregolare

Qual è la forma sbagliata?

1a. Dopo tutte le fatiche che ho fatto, finalmente potrò godermi la frutta del mio lavoro.
1b. Dopo tutte le fatiche che ho fatto, finalmente potrò godermi i frutti del mio lavoro.

2a. Il tuo stato di salute mi preoccupa dovresti mangiare molta frutta fresca.
2b. Il tuo stato di salute mi preoccupa, dovresti mangiare molti frutti freschi.

3a. Quali sono le cittè che ti piacciono di più?
3b. Quali sono le città che ti piacciono di più?

4a. Quali programma hai per la prossima estate?
4b. Quali programmi hai per la prossima estate?

5a. Avrei bisogno di due pai di calze di lana.
5b. Avrei bisogno di due paia di calze di lana.

6a. A Ferragosto non lavora quasi nessuno: sono chiusi persino i bar.
6b. A Ferragosto non lavora quasi nessuno: sono chiusi persino i bars.

7a. Le mezzanotti al mare mi fanno impazzire, soprattutto quando sono in buona compagnia.
7b. Le mezzenotti al mare mi fanno impazzire, soprattutto quando sono in buona compagnia.

8a. Non avevo mai visto un uomo con le ciglia così folte.
8b. Non avevo mai visto un uomo con i cigli così folti.

9a. Ho paura che quel bambino, se continua a correre in quel modo, si vada a spaccare la testa contro uno dei cigli della strada.
9b. Ho paura che quel bambino, se continua a correre in quel modo, si vada a spaccare la testa contro una delle ciglia della strada.

Plurale irregolare

Soluzioni e spiegazioni

1 a.   2 b.   3 a.   4 a.   5 a.   6 b.   7 a.   8 b.   9 b.

Normalerweise wird bei den zusammengesetzten Nomina der Plural wie bei den einfachen Substantiven gebildet, aber die mit «mezzo» zusammengesetzten verändern im Plural beide Bestandteile:
la mezzanotte: Mitternacht – **le mezzenotti**
la mezzaluna: der Halbmond – **le mezzelune**
la mezzatinta: die Zwischenfarbe – **le mezzetinte**

Andere Ausnahmen:
il palcoscenico: die Bühne – **i palcoscenici**
il senzatetto: Obdachloser – **i senzatetto**
il sottoscala: die Räume unter der Treppe – **i sottoscala**

Beide Bestandteile werden verändert, wenn sie aus einem Substantiv und einem nachgestellten Adjektiv oder Partizip bestehen:
la cassaforte: Tresor – **le casseforti**
la terracotta: Terrakotta – **le terrecotte**

Zusammengesetzte Substantive verändern sich nicht in der Pluralform, wenn sie aus Verb + Nomen bestehen:
il salvagente: Rettungsring – **i salvagente**
il paracadute: Fallschirm – **i paracadute**

Sie verändern sich auch nicht, wenn sie auf -a enden und maskulin sind:
lo scioglilingua: Zungenbrecher – **gli scioglilingua**

Substantive, die mit Vokal + Akzent enden, haben im Singular und Plural dieselbe Form. Nur der Artikel ändert sich.
Ausnahmen:
l'uovo: das Ei – **le uova**
l'uomo: der Mensch – **gli uomini**

Weitere Erklärungen sind auf der Seite 138 (Soluzioni e spiegazioni) zu finden.

Preposizioni di luogo

Qual è l'errore?

1. La fermata dell'autobus è vicino da qui.

2. Prima abitavo in una casa non lontano a qui.

3. Giuseppe abita vicino di me.

4. Se stai cercando l'accendino è lì, sopra il tavolo, di fronte di te.

5. La fermata della metropolitana è proprio di fronte della posta.

6. Tra qualche giorno vado a Italia.

7. Hans ed Helga resteranno in Genova per due giorni.

8. L'aereo parte di Colonia alle ore sette.

9. Hai visto Sven ultimamente?
   – Si l'ho incontrato ieri vicino della stazione mentre scendeva dall'autobus.

10. Loro sono arrivati di Düsseldorf ieri sera.

11. Scusi, è questo il treno a Firenze?

12. Cercavo proprio te perché tu sei di Italia.

13. Se vuoi saperne di più domanda a Helmut, ché lui è da Monaco.

14. Loro vengono di Napoli in macchina.

15. Siamo in Roma per la prima volta.

16. Resto a Germania ancora due giorni, poi vado in Italia da Marisa.

17. Non capisco perché sono partiti solo oggi di Torino.

Preposizioni di luogo

Frasi corrette

1. La fermata dell'autobus è **qui vicino**.

2. Prima abitavo in una casa non **lontano da qui**.

3. Giuseppe abita **vicino a me**.

4. Se stai cercando l'accendino è lì, sopra il tavolo, **di fronte a te**.

5. La fermata della metropolitana è proprio **di fronte alla posta**.

6. Tra qualche giorno vado **in Italia**.

7. Hans ed Helga resteranno **a Genova** per due giorni.

8. L'aereo parte **da Colonia** alle ore sette.

9. Hai visto Sven ultimamente?
   – Si l'ho incontrato ieri **vicino alla** stazione mentre scendeva dall'autobus.

10. Loro sono arrivati **da Düsseldorf** ieri sera.

11. Scusi, è questo il treno **per Firenze**?

12. Cercavo proprio te perché tu sei **italiano**.

13. Se vuoi saperne di più domanda a Helmut, ché lui **è di Monaco**.

14. Loro **vengono da Napoli** in macchina.

15. **Siamo a Roma** per la prima volta.

16. Resto **in Germania** ancora due giorni, poi vado in Italia da Marisa.

17. Non capisco perché sono partiti solo oggi **da** Torino.

Preposizioni di luogo

Qual è la frase sbagliata?

1a. Mi sembra che Dante Alighieri sia da Firenze.
1b. Mi sembra che Dante Alighieri sia di Firenze.

2a. Vicino da qui ci sono molti alimentari, ma è impossibile trovare un negozio di scarpe.
2b. Qui vicino ci sono molti alimentari, ma è impossibile trovare un negozio di scarpe.

3a. Per fortuna la bomba è esplosa lontano da qui, altrimenti non sarei qui a parlare con te.
3b. Per fortuna la bomba è esplosa lontano a qui, altrimenti non sarei qui a parlare con te.

4a. Niscemi è un piccolo paese vicino di Caltanissetta.
4b. Niscemi è un piccolo paese vicino a Caltanissetta.

5a. La scuola si trova di fronte all'ospedale.
5b. La scuola si trova di fronte dell'ospedale.

6a. Incredibile! Con quei capelli biondi, occhi verdi, alta: non avrei mai pensato che Sandra è di Italia.
6b. Incredibile! Con quei capelli biondi, occhi verdi, alta: non avrei mai pensato che Sandra è italiana.

7a. In estate andrò in Napoli per visitare un amico.
7b. In estate andrò a Napoli per visitare un amico.

8a. Mi dispiace, ma io sono venuto a piedi di casa.
8b. Mi dispiace, ma io sono venuto a piedi da casa.

9a. E perché vuoi partire proprio di Vercelli?
9b. E perché vuoi partire proprio da Vercelli?

10a. Oggi devo andare all'ufficio informazioni per sapere se c'è un treno per Roma domani mattina, molto presto.
10b. Oggi devo andare all'ufficio informazioni per sapere se c'è un treno di Roma domani mattina, molto presto.

Preposizioni di luogo

Soluzioni e spiegazioni

1 a. 2 a. 3 b. 4 a. 5 b. 6 a. 7 a. 8 a. 9 a. 10 b.

a: in, bei (wo?)   *essere a/in casa; abito a Siena/al primo piano; sono seduto al sole/all'ombra; sto all'albergo; lavoro all'Olivetti*
a: in, nach (Richtung)   *vado a Pisa/all'estero/a Ischia/a casa/al museo/a teatro/al mare/alla posta/al mercato/a scuola/al liceo/al ristorante/al bar*
a: von (Abstand)   *Milano è a 120 km da Torino*

accanto a: neben   **a destra di:** rechts von   **a sinistra di:** links von   **al di là di:** jenseits des   **al di qua di:** diesseits des   **al di sopra di:** oberhalb des   **al di sotto di:** unterhalb des   **attorno a:** um… herum **attraverso:** quer durch

da: bei, von *essere/andare/venire da Marco; il treno da Sondrio; da dove vieni?* woher kommst du?

davanti a: vor dem/der   **dentro (a):** drinnen, hinein

di: von *di dove sei?, sono di Genova*   **di faccia a:** gegenüber   **di fronte a:** gegenüber   **dietro:** hinter, nach *dietro di me/te/lui*   **dinanzi a:** vor dem/der   **dirimpetto a:** gegenüber

in: in, nach *essere in Italia/in città/in via; andare in Italia/Toscana/discoteca/montagna*

per: nach, auf, durch *parto per Roma/per l'Italia; cadere per terra* auf den Boden fallen; *viaggiare per l'Italia* durch Italien reisen

su: auf, hinauf *essere su balcone; salire sull'Etna*

tra/fra: zwischen, nach *tra le due case* zwischen den beiden Häusern; *tra alcuni km* nach einigen km

fuori di: außerhalb   **in mezzo a:** mitten auf   **intorno a:** um… herum **lontano da:** weit entfernt von   **lungo:** entlang   **presso:** nahe bei **sopra:** auf, über *sopra il tavolo/di noi*   **sotto:** unter *sotto il tavolo sotto di noi*   **verso:** gegen *verso sud/verso di me*   **vicino a:** in der Nähe

Espressioni di tempo

Qual è l'errore?

1. Allora, ti telefonerò domani in ufficio; va bene al mezzogiorno?

2. Ho trovato un ottimo posto di lavoro! Posso iniziare in una settimana.

3. Dovresti vedere questo panorama a primavera, quando il colore predominante è il verde e la temperatura è ideale per fare delle scampagnate.

4. Nell'inizio del prossimo mese dovrebbe venire a trovarmi un mio caro amico.

5. Domani sarà un giorno molto pesante perché devo lavorare alle sette fino alle ventitré.

6. Quando sei arrivato? – Sono arrivato insieme agli altri, dieci giorni prima.

7. Marco mi ha fatto arrabbiare: l'ho aspettato sopra un'ora, ma lui non è venuto all'appuntamento.

8. A metà gennaio andrò a sentire Vasco Rossi che si esibirà per la prima volta ad Amburgo.

9. A che ora vogliamo incontrarci per preparare la cena?
   – Propongo contro le venti.

10. Ho lavorato sodo a tutto l'anno per niente!

11. Non ho più molto tempo a disposizione: questo lavoro deve essere pronto prima di Natale.

12. Dove sono gli altri? – Non so, fino a cinque minuti fa erano qui, poi, nel un momento sono spariti tutti.

13. All'inizio della questa settimana ho troppi appuntamenti.

14. Senti, sei sicuro di potermi fare ricevere tue notizie davanti a Pasqua?

15. Ai tempi di Napoleone l'Italia, come la Germania, era divisa in molti stati.

Espressioni di tempo

Frasi corrette

1. Allora, ti telefonerò domani in ufficio; va bene **a mezzo-giorno**?

2. Ho trovato un ottimo posto di lavoro! Posso iniziare **tra** una settimana.

3. Dovresti vedere questo panorama **in primavera**, quando il colore predominante è il verde e la temperatura è ideale per fare delle scampagnate.

4. **All'inizio** del prossimo mese dovrebbe venire a trovarmi un mio caro amico.

5. Domani sarà un giorno molto pesante perché devo lavorare **dalle** sette **fino alle** ventitré.

6. Quando sei arrivato? — Sono arrivato insieme agli altri, dieci giorni **fa**.

7. Marco mi ha fatto arrabbiare: l'ho aspettato **oltre** un'ora, ma lui non è venuto all'appuntamento.

8. A metà gennaio andrò a sentire Vasco Rossi che si esibirà **per la prima volta** ad Amburgo.

9. A che ora vogliamo incontrarci per preparare la cena? — Propongo **verso** le venti.

10. Ho lavorato sodo **per** tutto l'anno per niente!

11. Non ho più molto tempo a disposizione: questo lavoro deve essere pronto **prima di** Natale.

12. Dove sono gli altri? — Non so, **fino a** cinque minuti fa erano qui, poi, **in un momento** sono spariti tutti.

13. **All'inizio di questa** settimana ho troppi appuntamenti.

14. Senti, sei sicuro di potermi fare ricevere tue notizie **prima di** Pasqua?

15. **Ai tempi di** Napoleone l'Italia, come la Germania, era divisa in molti stati.

Espressioni di tempo

Qual è la forma sbagliata?

1a. Gli etruschi sono spariti intorno 300 A. C.
1b. Gli etruschi sono spariti intorno al 300 A. C.

2a. Domani, di mattinata, devo sbrigare molte faccende.
2b. Domani, in mattinata, devo sbrigare molte faccende.

3a. Durante il pranzo ho bevuto solo del vino rosso.
3b. Mentre il pranzo ho bevuto solo del vino rosso.

4a. Una donna dei trent'anni si è presentata per il nuovo posto di lavoro.
4b. Una donna sui trent'anni si è presentata per il nuovo posto di lavoro.

5a. Quando hai ricevuto la lettera? – L'ho ricevuta circa venti giorni prima.
5b. Quando hai ricevuto la lettera? – L'ho ricevuta circa venti giorni fa.

6a. All'ultima guerra sono morte moltissime persone.
6b. Nell'ultima guerra sono morte moltissime persone.

7a. No, la conosco poco: oggi l'ho vista per la prima volta.
7b. No, la conosco poco: oggi l'ho vista alla prima volta.

8a. Ho quasi finito. Quello che resta, lo posso fare a un attimo.
8b. Ho quasi finito. Quello che resta, lo posso fare in un attimo.

9a. Che strano orario per l'inizio di una festa: incomincia alla mezzanotte.
9b. Che strano orario per l'inizio di una festa: incomincia a mezzanotte.

10a. Mi trasferisco in Italia quest'anno, al più tardi prima Pasqua.
10b. Mi trasferisco in Italia quest'anno, al più tardi prima di Pasqua.

Espressioni di tempo

Soluzioni e spiegazioni

1 a.   2 a.   3 b.   4 a.   5 a.   6 a.   7 b.   8 a.   9 a.   10 a.

a: in, zu, um   *alle due; alla stessa ora; a mezzanotte / a mezzogiorno;*
al tramonto bei Sonnenuntergang   *a trent'anni* mit dreißig

a partire da: ab… (Uhr)

da: seit   *da due anni / giorni / ore; da sempre* schon immer   *dalle due*
alle tre von zwei bis drei Uhr

di: an, bei   *di mattina / la mattina* morgens   *di giorno / di notte* am
Tag / bei Nacht   *di giovedì / il giovedì* donnerstags

dopo: nach   *dopo le otto* nach acht Uhr

durante / mentre: während   *durante il giorno / il pranzo / il mese;*
mentre mangio, bevo

entro: innerhalb   *entro un mese*

fa: vor   *dieci giorni fa*

fino a: bis   *fino alle due*

fin da: von… an   *fino da bambino* von Kindesbeinen an

fuori: außerhalb, draußen   *fuori orario* außerplanmäßig

in: in   *in primavera / estate / autunno / inverno* im Frühling, Sommer,
Herbst, Winter   *in un attimo* im Nu

intorno a: um… herum   *intorno al 1600*

oltre: über, mehr als   *oltre un'ora*
per: für, zum   *per tutto l'anno* das ganze Jahr   *per la prima volta* zum
ersten Mal

prima di: vor   *prima di Natale*

verso: gegen   *verso le otto*

su: bei, um   *sul far del giorno* bei Tagesanbruch

tra / fra: in   *tra una settimana*   *tra poco* bald

Frasi relative e congiuntivo

Qual è l'errore?

1. Telefona a Luciano e digli che deve venire subito qui.

2. Se loro non sono d'accordo con me devono fare questo lavoro da soli!

3. Dite ai bambini che devono fare presto, altrimenti perdiamo l'autobus.

4. Cosa devo dire a Giacomo?
   — Lui mi deve portare i nastri di Zucchero.

5. Luisa dice che non fa in tempo a prendere il treno delle 7. Puoi prestargli la tua macchina?
   — Allora lei deve prendere la mia macchina.

6. Se telefonano per te, che gli dico?
   — Mi devono telefonare a casa, ma solo se è qualcosa di urgente.

7. Dov'è Cristina?
   — Non saprei, non ho più il suo numero, spero che mi telefona lei al più presto.

8. Alla radio hanno detto che il presidente deve partire domani.

9. Il giornale di oggi dice che le vittime dell'incidente aereo devono essere trentuno.

10. Ma quando arriva questo autobus?
    — Non lo so, ma spero che arriva presto perché mi sono rotto di aspettare!

11. Sandra dice che se ti ha creduto non avrebbe fatto questo.

12. Temo che anche in Sicilia fa freddo in questo periodo.

13. Suppongo che non possono andare avanti per molto in quel modo caotico.

Frasi relative e congiuntivo

Frasi corrette

1. Telefona a Luciano e digli **che venga** subito qui.

2. Se loro non sono d'accordo con me, **che facciano** questo lavoro da soli!

3. Dite ai bambini che **facciano** presto, altrimenti perdiamo l'autobus.

4. Cosa devo dire a Giacomo?
   — **Che mi porti** i nastri di Zucchero.

5. Luisa dice che non fa in tempo a prendere il treno delle 7. Puoi prestargli la tua macchina?
   — **Che prenda** la mia macchina.

6. Se telefonano per te, che gli dico?
   — **Che mi telefonino** a casa, ma solo se è qualcosa di urgente.

7. Dov'è Cristina?
   — Non saprei, non ho più il suo numero, **spero che mi telefoni** lei al più presto.

8. Alla radio hanno detto che il presidente **dovrebbe** partire domani.

9. Il giornale di oggi dice che le vittime dell'incidente aereo **sarebbero** trentuno.

10. Ma quando arriva questo autobus?
    — Non lo so, ma spero che **arrivi** presto perché mi sono rotto di aspettare!

11. Sandra dice che se ti **avesse** creduto non avrebbe fatto questo.

12. Temo che anche in Sicilia **faccia** freddo in questo periodo.

13. Suppongo che non **possano** andare avanti per molto in quel modo caotico.

Frasi relative e congiuntivo

Qual è la forma sbagliata?

1a. Lui mi deve telefonare domani!
1b. – Che mi telefoni domani!

2a. Se questo appuntamento non gli va bene loro devono proporre un altro giorno!
2b. Se questo appuntamento non gli va bene che propongano loro un altro giorno!

3a. Comunicate a Marisa, lei deve aspettare alla stazione perché il treno è in ritardo!
3b. Comunicate a Marisa che mi aspetti alla stazione perché il treno è in ritardo.

4   Thomas ha paura che le tue informazioni non siano giuste.
4a. – Che domandi a qualcun altro allora!
4b. – Lui deve domandare a qualcun altro allora!

5   Quante persone vengono alla festa domani?
5a. – Secondo Carla devono essere una trentina.
5b. – Secondo Helmut sarebbero una trentina.

6a. Spero che tu dici la verità.
6b. Spero che tu dica la verità.

7a. Ti auguro che il mare è pulito!
7b. Ti auguro che il mare sia pulito!

8a. Dubito che quella bella casa sia ancora in vendita.
8b. Dubito che quella bella casa è ancora in vendita.

9a. È difficile che gli stranieri possano usare i vari dialetti italiani.
9b. È difficile che gli stranieri possono usare i vari dialetti italiani.

10a. Sebbene sia uno stronzo, lei lo ama ancora.
10b. Sebbene è uno stronzo, lei lo ama ancora.

11a. Mi era parso che quella pensione è più cara dell'altra in cui sono stato l'anno scorso.
11b. Mi era parso che quella pensione fosse più cara dell'altra in cui sono stato io.

Frasi relative e congiuntivo

Soluzioni e spiegazioni

1 a. 2 a. 3 a. 4 b. 5 a. 6 a. 7 a. 8 b. 9 b. 10 b. 11 a.

Che + Konjunktiv wird im Hauptsatz verwendet, um Wünsche, Aufforderungen und formelle Wendungen an dritte Personen weiterzugeben. (Im Deutschen verwendet man dafür «sollen»).

che faccia il suo dovere! er soll seine Pflicht erfüllen!
che venga qui! er soll herkommen!
che siano più tolleranti! sie sollen toleranter sein!
che la lascino in pace! sie sollen sie in Ruhe lassen!

Der Satz mit che braucht den Konjunktiv, wenn er dem Hauptsatz vorausgeht. Ist der Satz mit che Objektsatz, muß er im Hauptsatz durch das Pronomen «lo» wiederaufgenommen werden:
che sia vero, lo sanno tutti daß es wahr ist, weiß jeder
che tu abbia ragione, è chiaro daß du recht hast, ist klar

Ausdrücke der Entrüstung, des Erstaunens, der Unterstellung, des Zweifels und der Unsicherheit werden durch ein Konditional wiedergegeben:
chi lo avrebbe detto? wer soll das gesagt haben?
che cosa significherebbe? was soll das bedeuten?
come sarebbe a dire? was soll das heißen?
io dovrei pagare per voi tutti? ich soll für euch alle zahlen?

Während der Indikativ benutzt wird, um eine Handlung oder einen Sachverhalt als wahr, sicher, eindeutig zu bezeichnen, wird der Konjunktiv eingesetzt, wenn der Sprecher Hoffnung, Erwartung oder Zweifel gegenüber einem Sachverhalt zum Ausdruck bringen will.

Folgende Wörter und Ausdrücke benötigen immer den Konjunktiv:
benché, sebbene, nonostante, malgrado: obwohl, trotzdem
è bene che...   è facile che...   è giusto che...
è necessario che...

Imperativo

1. Non mangia (tu) tutta quella cioccolata!

2. Ti prego, non va' via.

3. Signore, scusa, che ore sono?

4. Giovanni, scusi, hai un fazzoletto di carta?

5. Dicimi perché non sei venuto!

6. Sandro, tu mi hai stufato, vai a casa!

7. Quando parli con me, mi guarda in faccia!

8. Per favore, non mi scocciare!

9. Ricordati di me quando sarai arrivato in Australia.

10. Digli che l'appuntamento è stato fissato per le undici.

11. Noi stiamo qui ad aspettare la vostra telefonata, ricordate-velo!

12. Senta (tu), toglimi una curiosità, per favore.

13. Allora signor Rossi, vada sempre dritto e poi gira a destra e lì di fronte c'è la posta.

14. Signori, prego entrate, si accomodino.

15. Signora Bianchi, stiami a sentire, prima di rispondere.

16. Sergio, passi (tu) da qui, perché di là c'è tutto il pavimento bagnato.

17. Se tu mi ami veramente, allora scrivimi, telefonami, pensami, sempre, giorno e notte.

Imperativo

1. Non **mangiare** (tu) tutta quelle cioccolata!

2. Ti prego, **non andare** via.

3. Signore, **scusi**, che ore sono?

4. Giovanni, **scusa**, hai un fazzoletto di carta?

5. **Dimmi** perché non sei venuto!

6. Sandro, tu mi hai stufato, **va'** a casa!

7. Quando parli con me, **guardami** in faccia!

8. Per favore, non mi scocciare!

9. Ricordati di me quando sarai arrivato in Australia.

10. Digli che l'appuntamento è stato fissato per le undici.

11. Noi stiamo qui ad aspettare la vostra telefonata, ricordatevelo!

12. **Senti** (tu), toglimi una curiosità, per favore.

13. Allora signor Rossi, vada sempre dritto e poi **giri** a destra e lì di fronte c'è la posta.

14. Signori, prego **entrino**, si accomodino.

15. Signora Bianchi, **mi stia** a sentire, prima di rispondere.

16. Sergio, **passa** (tu) da qui, perché di là c'è tutto il pavimento bagnato.

17. Se tu mi ami veramente, allora scrivimi, telefonami, pensami sempre, giorno e notte.

Imperativo

Qual è la forma sbagliata?

1a. Mangia tutto!
1b. Ti prego, non vai via!

2a. Scusa, Signora mi potrebbe dire l'ora?
2b. Scusami per il ritardo.

3a. Ti ricordi di telefonare a Pia!
3b. Ricordati di telefonare a Pia!

4a. Dimmi che ore sono, per favore.
4b. Dicimi che ore sono per favore.

5a. Tu non parla!
5b. Loro non parlino!

6a. Signor Rossi, risponde prima alla mia domanda.
6b. Giorgio, non mi guardare con quegli occhi.

7a. Signore e signori, facciano il Loro gioco.
7b. Signore e signori, fanno il Loro gioco.

8a. Ti giri!
8b. Girati!

9a. Dammi il tuo indirizzo.
9b. Dai me il tuo indirizzo.

10a. Passami il vino, per favore.
10b. Passi (tu) da casa mia, coś ci mettiamo d'accordo.

11a. Digli che non mi scocci!
11b. Dì lui che mi telefoni.

12a. Tu, non parlare!
12b. Tu, non parli!

Imperativo

Soluzioni e spiegazioni

1 b. 2 a. 3 a. 4 b. 5 a. 6 a. 7 b. 8 a. 9 b. 10 b. 11 b. 12 b.

Die Befehlsform für die dritte Person Singular ist bei den Verben der ersten Konjugation mit der dritten Person Singular Präsens Indikativ identisch, Verben der zweiten und dritten Konjugation mit der zweiten Person des Indikativ Präsens:
guard-are (tu) *guarda!* (Schau)
prend-ere (tu) *prendi!* (nimm)
ven-ire (tu) *vieni!* (komm)

Imperativ + Verneinung
Die zweite Person Singular wird gebildet mit Non + Infinitiv
(tu) **non parlare!:** sprich nicht! (tu) **non andare!:** gehe nicht!

Die dritte Person Singular und Plural wird auch als Höflichkeitsform verwendet:
(Lei) **mi dica!** sagen Sie mir! (lei) **aspetti!** warten Sie! (Loro) **vengano!** kommen Sie! (loro) **si accomodino!** machen Sie es sich bequem!

Imperativ + Pronomen
In der Befehlsform kann das Verb mit den Pronomen (Akkusativ, Dativ) zusammengesetzt werden:
telefonami! ruf mich an! **guardatevi!** guckt euch an! **ascoltatelo!** hört ihm zu!

Imperativ + kombinierte Pronomen
diglielo!: sage es ihm/ihr! **ricordatevelo!:** erinnert euch daran!
comunicateglielo!: teilt es ihm/ihr/ihnen mit!

Indirekte Befehlsform
Diese Form wird für die dritte Person Singular und Plural verwendet, bei nicht anwesenden Personen oder als Höflichkeitsform. Man benutzt dazu den Konjunktiv. Das Pronomen wird vor das Verb gesetzt:
mi dica!: sag mir! **vengano!:** kommen Sie! **vincano!:** gewinnen Sie!

Parte quarta:
L'ordine della frase

Pronomi

Qual è l'errore?

1. Puoi mi telefonare domani sera?
2. Marco vuole gli scrivere una lettera.
3. Lo ascoltando ho capito che aveva ragione.
4. Ti Marisa vuole domandare un favore.
5. Gli non raccontare quello che hai visto ieri sera.
6. Per favore, ti sveglia presto domani mattina.
7. I tuoi amici te chiamano.
8. E perché, adesso lo vieni a me dire?!
9. E così ho dovuto gli spiegare tutto.
10. Signor Micheli, dovrei Le parlare subito.
11. Noi pensiamo che ve abbiamo lo già raccontato.
12. Non capisco perché hanno lui scelto!
13. Avevo pensato di ti fare una sorpresa.
14. Scusi, può mi dire di chi è questa canzone?

Pronomi

1. **Mi** puoi telefonare domani sera?

2. Marco **gli** vuole scrivere una lettera.

3. Ascoltando**lo** ho capito che aveva ragione.

4. Maris a **ti** vuole domandare un favore.

5. Non raccontar**gli** quello che hai visto ieri sera.

6. Per favore, sveglia**ti** presto domani mattina.

7. Non senti che i tuoi amici chiamano **te**!

8. E perché adesso lo vieni a dire **a me**?!

9. E così ho dovuto spiegar**gli** tutto.

10. Signor Micheli, dovrei parlar**le** subito.

11. Noi pensiamo che **ve lo** abbiamo già raccontato.

12. Non capisco perché hanno scelto **lui**.

13. Avevo pensato di far**ti** una sorpresa.

14. Scusi, **mi** può dire di chi è questa canzone?

Pronomi

Qual è la forma sbagliata?

1a. Lui ti vuole incontrare a casa sua?
1b. Lui vuole ti incontrare a casa sua?

2a. È andato via augurandogli molte belle cose.
2b. È andato via gli augurando molte belle cose.

3a. Io credo di avertelo già detto.
3b. Io credo di te lo avere già detto.

4a. Mi dica il Suo parere, per favore.
4b. Dica mi il suo parere, per favore.

5a. Lo non invitare alla festa!
5b. Non invitarlo alla festa!

6a. Quando glielo hai portato?
6b. Quando hai glielo portato?

7a. Gli ho voluto regalare molte cose.
7b. Ho voluto gli regalare molte cose.

8a. Perché detto glielo hai?
8b. Perché glielo hai detto?

9a. Mi racconta tutta la verità!
9b. Raccontami tutta la verità!

10a. Non riesco a capire perché a me lo vieni a dire!
10b. Non riesco a capire perché lo vieni a dire a me!

11a. Io a te penso giorno e notte!
11b. Io penso a te giorno e notte!

Pronomi

Soluzioni e spiegazioni

1 b.   2 b.   3 b.   4 b.   5 a.   6 b.   7 b.   8 a.   9 a.   10 a.   11 a.

Die direkten und indirekten Pronomen haben zwei Formen: betonte und unbetonte. Beide Formen haben dieselbe Bedeutung. Die betonte Form verwendet man, wenn das Gesagte emphatisch gemeint ist, und zwar dann, wenn man die Person, auf die sich die Aussage bezieht, hervorheben will:

mi chiamano (unbetont)   **chiamano me!** (betont)

Mit der zweiten Form hebe ich hervor, daß ich gemeint bin und nicht ein anderer.

Die unbetonte Form steht vor einem Verb:
mi telefoni domani sera?

Oder es wird nach einer Infinitivform das Pronomen an das Verb angehängt:
puoi telefonarmi domani sera?

Dasselbe gilt für zusammengesetzte Pronomen:
puoi raccontarglielo? oder **glielo puoi raccontare?**

Steht ein Verb im Gerundium oder im direkten Imperativ, wird das Pronomen an das Verb angehängt:
la lodarono dicendogli che era bravissima
raccontami tutto quello che hai sentito

Hingegen steht es immer vor einem indirekten Imperativ:
mi parli del suo lavoro

Struttura della frase

Qual è l'errore?

1. Giovanni ha i libri in biblioteca riportato.

2. Christiane ha detto che non viene alla festa perché non invitata stata è.

3. Ieri sera Gianna ha a Peter telefonato.

4. Sebbene fossimo già sazi abbiamo noi non rinunciato alla torta.

5. In questo bar ho Maria conosciuto.

6. In Italia molto vino si produce.

7. Non mi nominare lui! – la donna rispose.

8. Perché non hai con Giovanni parlato?

9. Questa strada non conosco bene.

10. Hai questi dischi oggi comprato?

11. Quanto hai bevuto ieri sera da stare così male?
    – Bevuto non ho molto.

12. Prendetelo il caffè?

13. Hai a Romolo telefonato?

14. Ho detto ad Arianna che lei niente mi deve dare.

15. Piace festeggiare con gli amici a me, alla mia famiglia no.

Struttura delle frase

1. Giovanni **ha riportato** i libri in biblioteca.

2. Christiane ha detto che non viene alla festa perché non **è stata invitata**.

3. Ieri sera Gianna **ha telefonato** a Peter.

4. Sebbene fossimo già sazi noi **non abbiamo rinunciato** alla torta.

5. In questo bar **ho conosciuto** Maria.

6. In Italia **si produce** molto vino.

7. Non mi nominare lui! – **rispose** la donna.

8. Perché non **hai parlato** con Giovanni?

9. Questa strada non **la conosco** bene.

10. Questi dischi **li hai comprati** oggi?

11. Quanto hai bevuto ieri sera da stare così male?
    – Non ho **bevuto** molto.

12. **Lo prendete** il caffè?

13. **Hai telefonato** a Romolo?

14. Ho detto ad Arianna che lei non mi deve dare **niente**.

15. **A me** piace festeggiare con gli amici, alla mia famiglia no.

Struttura della frase

Qual è la forma sbagliata?

1a. La TV ha la cerimonia del conferimento del premio Nobel mostrato.
1b. La TV ha mostrato la cerimonia del conferimento del premio Nobel.

2a. Sono stanco perché ho tutto il giorno lavorato.
2b. I miei amici sono delusi perché tu non sei andata a trovarli al mare.

3a. L'anno scorso Kerstin a Roma per una settimana andata è.
3b. Il mese prossimo Maria racconterà dei suoi nuovi progetti.

4a. Benché Caruso fosse vecchio e malato ha voluto morire a Sorrento.
4b. Ha voluto morire a Sorrento benché vecchio e malato Caruso fosse.

5a. Mancano tre ore alla partenza.
5b. Tre ore mancano alla partenza.

6a. In Toscana il toscano si parla.
6b. In Toscana si parla il toscano.

7a. Che cosa ti hanno comunicato loro?
7b. Che cosa ti hanno loro comunicato?

8a. Non capisco bene la sua domanda.
8b. Non capisco la sua domanda bene.

9a. Ne ho bevuto molto di questo vino.
9b. Bevuto molto ne ho di questo vino.

10a. Dei conti da pagare ho trovato.
10b. Ho trovato dei conti da pagare.

11a. Questa macchina l'abbiamo vista già ieri.
11b. L'abbiamo questa macchina vista già ieri.

12a. Di queste promesse ne ho già sentite diverse.
12b. Ne ho già sentite di queste promesse diverse.

Struttura della frase

Soluzioni e spiegazioni

1 a. 2 a. 3 a. 4 b. 5 b. 6 a. 7 b. 8 b. 9 b. 10 a. 11 b. 12 b.

Die regelmäßige Reihenfolge der Satzglieder bei Aussagesätzen ist im Italienischen:

Subjekt	Prädikat	direktes Objekt	indirektes Objekt
l' insegnante	ha spiegato	la lezione	agli studenti

Die gleiche Reihenfolge gilt auch im Nebensatz:
non posso fare in tempo perché **devo lavorare** *fino a tardi*
Das Subjekt wird dem Prädikat vorangestellt, auch wenn der Satzanfang mit einer adverbialen Bestimmung beginnt:
ieri sera **Iris ha portato** *le fotografie delle vacanze*
Wird ein Nebensatz dem Hauptsatz vorangestellt, kann das Subjekt im Hauptsatz erscheinen:
nonostante fosse da solo, **Giovanni è riuscito** *a terminare il suo lavoro*
Das Subjekt folgt dem Prädikat, wenn es den Schwerpunkt der Aussage bildet:
subito dopo è arrivato **il temporale**

Dies gilt auch in folgenden Fällen:
1. Si passivante: *in Sardegna si parla sardo e italiano*
2. Gerundium: *parlando con Pino ne ho avuto conferma* nachdem ich mit Pino gesprochen habe, habe ich die Bestätigung gehabt
3. Konstruktion mit dem Partizip: *ricevuta la prima lettera*
4. Nach einer direkten Rede: – *Certo, ti amo – sussurrò lei*
5. Fragesätze: *è iniziato il film?*

Adverbien können zwischen Prädikat und direktes Objekt eingesetzt werden:
non capisco **esattamente** *il senso del discorso*

Das direkte Objekt kann sich auch am Satzanfang befinden. Es wird in der Regel von einem entsprechenden Personalpronomen aufgenommen:
questo film l'ho già visto

Struttura della frase

Qual è l'errore?

1. Da dove viene lo scirocco?
   – Dall'Africa viene lo scirocco.

2. Su questo argomento non voglio più tornare.

3. Non esco da alcuni mesi di casa.

4. Durante la gita non ha per fortuna piovuto.

5. A che ora arriva Ingrid?
   – Alle ore 21 Ingrid arriva.

6. Sono per trascorrere le vacanze in Italia.

7. Quando si sono sposati Georg e Maria?
   – Georg e Maria nel 1968 a Bonn si sono sposati.

8. Il concerto all'aperto di Pavarotti non ha avuto ieri luogo per maltempo.

9. Autentici sono i suoi sentimenti.

10. Fesso sei e resterai fesso.

11. Avete tutti mangiato?

12. Antonella, va a Napoli lei.

13. Tu sei che crei sempre dei problemi.

14. Chi di voi lo ha visto per primo?
    – È lui che è stato a vederlo per primo.

15. La strada ecco che stiamo cercando.

16. Le tue storie sono che non capisco.

17. Dobbiamo venire domani da te?
    – No! Domani da Carlo è che ci incontriamo.

Struttura della frase

Frasi corrette

1. Da dove viene lo scirocco?
   – Lo scirocco viene **dall'Africa**.

2. Su questo argomento non **ci** voglio più tornare.

3. Non esco di casa **da alcuni mesi**.

4. **Per fortuna** durante la gita non ha piovuto.

5. A che ora arriva Ingrid?
   – Ingrid arriva **alle ore 21**.

6. Sono **in Italia** per trascorrere le vacanze.

7. Quando si sono sposati Georg e Maria?
   – Georg e Maria si sono sposati **a Bonn** nel 1968.

8. **Ieri**, il concerto all'aperto di Pavarotti, non ha avuto luogo per maltempo.

9. **I suoi sentimenti** sono autentici.

10. Fesso sei e fesso **resterai**.

11. Avete mangiato **tutti**?

12. Antonella, **lei** va a Napoli.

13. **Sei tu** che crei sempre dei problemi.

14. Chi di voi lo ha visto per primo?
    – **È stato** lui **che** lo ha visto per primo.

15. **Ecco** la strada che stiamo cercando.

16. **Sono** le tue storie **che** non capisco.

17. Dobbiamo venire domani da te?
    – No! **È** da Carlo **che** domani ci incontriamo.

Struttura della frase

Qual è la forma sbagliata?

1a. Vado spesso da lei.
1b. Spesso da lei vado.

2a. Sempre ne discutono della cosa.
2b. Ne discutono sempre, della cosa.

3a. A casa mia ci siamo incontrati.
3b. Ci siamo incontrati a casa mia.

4a. Tu sei pazzo per me.
4b. Per me, lui può anche aspettare.

5a. Andiamo in vacanza in aereo.
5b. In aereo andiamo in vacanza.

6a. La prossima settimana vado al mare.
6b. La prossima settimana al mare vado.

7a. Il congresso sull'inquinamento alle ore venti inizia a Roma.
7b. Il congresso sull'inquinamento inizia a Roma alle ore venti.

8a. Noi siamo stanchi.
8b. Noi stanchi siamo.

9a. Andati via tutti sono.
9b. Sono andati via tutti.

10a. Sei tu che ti arrabbi sempre.
10b. Tu sei che ti arrabbi sempre.

11a. Ci vediamo dopo cena da Mirella.
11b. Ci vediamo da Mirella dopo cena.

12a. Munirsi di biglietto è consigliabile.
12b. È consigliabile munirsi di biglietto.

Struttura della frase

1 b. 2 a. 3 a. 4 a. 5 b. 6 b. 7 a. 8 b. 9 a. 10 b. 11 a.
12 a.

Stellung des Präpositionalobjekts

1. Das Präpositionalobjekt steht in der Regel nach dem Verb. Adverbien und adverbiale Ausdrücke können zwischen dem Verb und dem Präpositionalobjekt eingesetzt werden:

vado raramente al cinema

(«al cinema» ist hier Präpositionalobjekt, eine Verbindung aus einer Präposition und einem anderen Wort, zumeist einem Substantiv.)

2. Das Präpositionalobjekt kann am Satzanfang eingesetzt werden. Die Pronominaladverbien **ne** oder **ci** werden zur Verstärkung wiederaufgenommen:

di questo vino ne beviamo molto; a Siena ci vado oggi

3. Das Präpositionalobjekt kann durch ein vorangestelltes Pronominaladverb vorweggenommen werden (gesprochene Sprache):

ne ascolta abbastanza, di musica; ne sa molto, di storia

Stellung der adverbialen Bestimmung

1. Die Stellung der adverbialen Bestimmung hängt vom Schwerpunkt der Mitteilung ab und kann am Satzende oder Satzanfang stehen. Wird sie am Satzende eingesetzt, hat sie stärkeres Gewicht:

partirò tra un mese

2. Adverbiale Bestimmung am Satzanfang, die eine Aussage bewertet:

secondo me loro non sono a casa; ad essere sincero non so

3. Am Satzanfang können keine adverbialen Bestimmungen stehen, die das Verb wie ein Objekt ergänzen:

bisogna essere seri

4. Bei mehreren aufeinander folgenden adverbialen Bestimmungen stehen Ortsangaben vor weiteren Angaben:

ci vediamo al bar più tardi; vado a Roma in treno

5. Abgesehen von den oben genannten Regeln können adverbiale Bestimmungen sowohl am Satzanfang als auch am Satzende stehen. Einfügungen sind möglich:

Gianna, due giorni fa, era qui da noi

Struttura della frase

1. Quando sono arrivato io, alcuni erano andati via, sono altri rimasti.

2. Lui ne sa molto, di filosofia.

3. Mia sorella, da due anni, la segretaria fa.

4. Loro non mangiano secondo me crauti.

5. Siete voi che arrivate sempre in ritardo.

6. Ci incontriamo domani sera al bar.

7. Andiamo a Genova in aereo.

8. È importante eleganti essere.

9. Finalmente: ecco la casa di Martina.

10. Sono stati a protestare loro.

11. È stata Sandra a registrare tutto.

12. Marco, è di te che stiamo parlando.

13. È proprio il tuo modo di fare che mi piace.

14. Erano già le 11, ma tutti dormivano ancora.

15. A Napoli, ci oggi vado.

Struttura della frase

Frasi corrette

1. Quando sono arrivato io, alcuni erano andati via, **altri** sono rimasti.

2. Lui ne sa molto di filosofia.

3. Mia sorella, da due anni, **fa** la segretaria.

4. **Secondo me** loro non mangiano crauti.

5. Siete voi che arrivate sempre in ritardo.

6. Ci incontriamo **al bar** domani sera.

7. Andiamo a Genova in aereo.

8. È importante **essere eleganti**.

9. Finalmente: ecco la casa di Martina.

10. Sono stati loro **a protestare**.

11. È stata Sandra a registrare tutto.

12. Marco, è di te che stiamo parlando.

13. È proprio il tuo modo di fare che mi piace.

14. Erano già le 11, ma dormivano ancora **tutti**.

15. A Napoli, **ci vado** oggi.

Struttura della frase

1a. Ad essere sincero non ti credo!
1b. Io non ti credo ad essere sincero!

2a. Credo che andrò in aereo a Genova.
2b. Credo che andrò a Genova in aereo.

3a. Durante il corso ho per fortuna conosciuto lei.
3b. Per fortuna durante il corso ho conosciuto lei.

4a. Quello che ha detto lui è tutto vero!
4b. Quello che ha detto lui vero è tutto!

5a. Tu sei a lamentarti continuamente!
5b. Sei tu a lamentarti continuamente!

6a. Molti uomini vengono solo!
6b. Vengono solo molti uomini!

7a. Sandra, lei non ha nessun problema.
7b. Sandra, non ha lei nessun problema.

8a. È proprio a te che stiamo scrivendo.
8b. È che stiamo a te proprio scrivendo.

9a. Penso molto raramente a lei.
9b. Raramente a lei molto penso.

10a. Vado a metà aprile in Italia.
10b. Vado in Italia a metà aprile.

11a. Ne mangio di questa pasta molto.
11b. Ne mangio molta di questa pasta.

Struttura della frase

Soluzioni e spiegazioni

1 b. 2 a. 3 a. 4 b. 5 a. 6 a. 7 b. 8 b. 9 b. 10 a. 11 a.

Prädikative Ergänzungen

Prädikative Ergänzungen stehen in der Regel nach dem Verb:
mia moglie fa la segretaria
tu non sei furbo
Bei Hervorhebung stehen sie am Satzanfang:
alcuni sono rimasti, altri sono andati

Hervorhebung

Satzglieder werden durch Nachstellen des Subjekts hervorgehoben:
hanno dormito tutti; vengono solo poche persone
Eine andere Möglichkeit der Hervorhebung ist die Wiederaufnahme des Personalpronomens:
Marta, lei non vuole

essere + che

Die Form von essere muß in Person und Zahl mit dem Subjekt übereinstimmen (bei zusammengesetzten Zeiten auch im Genus):
sei tu che telefoni spesso
siete voi che non tenete la bocca chiusa

Infinitiv + a

sono stati loro a cominciare
è stato Giuseppe a notare tutto

ecco

ecco la strada
ecco Maria, la mia ragazza

è / sono + che

è la tua voce **che** mi piace

Aggettivo prima o dopo il sostantivo

Qual è l'errore?

1. La Fiat Uno anche se è piccola è una macchina grande.

2. Nonostante Marco mi faccia disperare, è un bambino caro.

3. Roberta è spesso depressa perché è una sola donna.

4. Prima è morto Rosario, poi si è ammalata gravemente suo figlio... che famiglia povera.

5. Certo che Dario è un tipo curioso: come fa a portare dei vestiti così strani?

6. Un ministro certo ha provocato una crisi di governo.

7. Vuole andare a vivere in campagna per avere una semplice vita.

8. Ho comprato una macchina nuova: una Mercedes 200 con appena duecentocinquantamila chilometri.

9. È un gran quadro di tre per cinque, ma è molto brutto.

10. Puoi fidarti di lui perché è un certo amico.

11. Peccato che sia un caro vestito! Se costasse di meno, me lo comprerei subito.

12. In quel bar c'erano molti uomini e una sola donna.

13. Per favore ognuno dica il nome proprio.

14. L'ho visto volte diverse mentre girava per il centro.

15. Un gentiluomo è sempre un uomo gentile?

16. Giuliano è un tipo curioso: ficca il naso dappertutto!

17. È arrabbiato a morte con lui nonostante sia stato un semplice scherzo.

Aggettivo prima o dopo il sostantivo

Frasi corrette

1. La Fiat Uno anche se è piccola è una **gran** macchina.

2. Nonostante Marco mi faccia disperare, è un **caro** bambino.

3. Roberta è spesso depressa perché è una donna **sola**.

4. Prima è morto Rosario, poi si è ammalata gravemente suo figlio… che **povera** famiglia.

5. Certo che Dario è un **curioso** tipo: come fa a portare dei vestiti così strani?

6. Un **certo** ministro ha provocato una crisi di governo.

7. Vuole andare a vivere in campagna per avere una vita **semplice**.

8. Ho comprato una **nuova** macchina: una Mercedes 200 con appena duecentocinquantamila chilometri.

9. È un quadro **grande**, tre per cinque, ma è molto brutto.

10. Puoi fidarti di lui perché è un amico **certo**.

11. Peccato che sia un vestito **caro**! Se costasse di meno, me lo comprerei subito.

12. In quel bar c'erano molti uomini e una sola donna.

13. Per favore ognuno dica il **proprio** nome.

14. L'ho visto **diverse** volte mentre girava per il centro.

15. Un gentiluomo è sempre un uomo gentile?

16. Giuliano è un tipo curioso: ficca il naso dappertutto!

17. È arrabbiato a morte con lui nonostante sia stato un semplice scherzo.

Aggettivo prima o dopo il sostantivo

Qual è la forma sbagliata?

1a. I vostri amici sono gentili persone.
1b. I vostri amici sono persone gentili.

2a. Questo l'ho saputo da una persona certa.
2b. Ha telefonato un certo Giovanni per te.

3a. Mi piace la compagnia di semplici persone.
3b. Non credere alle sue parole, è una semplice bugia.

4a. Gina è una curiosa donna.
4b. È una curiosa affermazione, la tua!

5a. Machiavelli è stato un personaggio grande storico.
5b. Alcuni politici parlano con grande sicurezza, ma dicono veramente poco.

6a. Quest'anno andiamo in vacanza in un posto diverso.
6b. Tu hai un diverso carattere dal mio.

7a. Non ho fortuna con le donne: sono un uomo povero!
7b. Abbiamo molti debiti e pochi soldi: siamo gente povera.

8a. Un diamante è un regalo per la vita, ma è un regalo molto caro.
8b. Anna è una mia amica cara.

9a. È meglio se ognuno prende la macchina propria.
9b. I ferrovieri scioperano per difendere i propri diritti.

10a. Loro sono i arrivati nuovi.
10b. Questa è la nuova collezione di vestiti di Armani.

11a. Martina è la persona sola, alla quale voglio molto bene.
11b. Gli anziani, spesso, sono persone sole perché nessuno vuole avere a che fare con loro.

Aggettivo prima o dopo il sostantivo

Soluzioni e spiegazioni

1 a. 2 a. 3 a. 4 a. 5 a. 6 b. 7 a. 8 b. 9 a. 10 a. 11 a.

Das Adjektiv steht vor dem Substantiv, wenn es beschreibende Funktion hat oder eine persönliche Meinung ausdrückt: **una grande macchina**
Das Adjektiv folgt dem Substantiv, wenn etwas objektiv dargestellt und unterstrichen werden soll: **una macchina grande**

Das Adjektiv wird nachgestellt bei:
1. Farben: **una casa bianca**
2. Nationalität: **un passaporto italiano**
3. Form: **una piazza quadrata**
4. Geographische / politische / religiöse Zugehörigkeit: **l'Italia centrale**; **il Partito Verde**; **un monaco buddista**

Ebenfalls nachgestellt werden
1. Adjektive, die von Substantiven abgeleitet sind: **la stagione estiva:** Sommersaison **lo stipendio mensile:** Monatsgehalt
2. Partizipien mit adjektivischem Gebrauch: **un amore finito:** eine beendete Liebe
3. Näher bestimmte Adjektive: **un film molto noioso:** ein sehr langweiliger Film
4. Mehrsilbige Adjektive: **un paesaggio meraviglioso:** eine wunderbare Landschaft
5. Mehrere Adjektive, die sich auf dasselbe Substantiv beziehen: **un palazzo grande e bello:** ein großes und schönes Haus

Folgende Adjektive verändern sich in der Bedeutung durch das Vor- oder Nachstellen: **bravo:** *un brav'uomo* ein guter Mann *un uomo bravo* ein tüchtiger Mann **caro:** *una cara donna* eine liebe Frau *una casa cara* ein teures Haus **certo:** *un certo Paolo* ein gewisser Paolo *un amico certo* ein zuverlässiger Freund **curioso:** *un curioso aspetto* ein seltsamer Aspekt *un tipo curioso* ein neugieriger Kerl **grande:** *una grande opera* ein großartiges Werk *un'opera grande* ein großes Werk **nuovo:** *una nuova bicicletta* ein neues (anderes) Fahrrad *una bicicletta nuova* ein neues (nicht gebrauchtes) Fahrrad, sowie *povero* und *solo*, siehe Übungen

Negazione

Qual è l'errore?

1. Sei già stato a Genova? – No, ci sono non mai andato.

2. Hai visto Marianne stamattina? – No, non l'ho vista.

3. Ho non mai trascorso delle vacanze in montagna.

4. E allora che cosa gli hai risposto? – Non niente gli ho risposto!

5. Fai bene a non credergli, nemmeno io mi fiderei di lui.

6. In questo periodo Antonio fa non altro che dormire!

7. Ma che cosa hai? Ho l'impressione che tu ce l'abbia con me. – Ti assicuro che non ho nulla.

8. E tu hai firmato un contratto così svantaggioso? – Chi io?! Sono non mica scemo!

9. Una dentiera? No grazie. I miei denti sono sì ridotti male, ma per fortuna ho ancora non bisogno di una dentiera.

10. Quello che hai detto non mi piace proprio per niente!

11. Non capisco perché sei arrabbiato con me: non sono mica stato io.

12. Non ti piace questo tipo di cioccolata? – Eccome, ma con il mal di denti che ho, non ne voglio sentire neanche l'odore.

13. Anche se piove non ancora è meglio portarsi l'ombrello.

14. Questo vino è non affatto cattivo!

15. Questo libro lo non trovo da nessuna parte.

16. Si è offeso in modo tale che non mi saluta neanche più.

Negazione

Frasi corrette

1. Sei già stato a Genova? – No, **non** ci sono mai andato.

2. Hai visto Marianne stamattina? – No, non l'ho vista.

3. **Non** ho mai trascorso delle vacanze in montagna.

4. E allora che cosa gli hai risposto? – Non gli ho risposto **niente**!

5. Fai bene a non credergli, nemmeno io mi fiderei di lui.

6. In questo periodo Antonio **non** fa altro che dormire!

7. Ma che cosa hai? Ho l'impressione che tu ce l'abbia con me. – Ti assicuro che non ho nulla.

8. E tu hai firmato un contratto così svantaggioso? – Chi io?! **Non** sono mica scemo!

9. Una dentiera? No grazie. I miei denti sono sì ridotti male, ma per fortuna **non** ho ancora bisogno di una dentiera.

10. Quello che hai detto non mi piace proprio per niente!

11. Non capisco perché sei arrabbiato con me: non sono mica stato io.

12. Non ti piace questo tipo di cioccolata? – Eccome, ma con il mal di denti che ho, non ne voglio sentire neanche l'odore.

13. Anche se **non** piove ancora è meglio portarsi l'ombrello.

14. Questo vino **non** è affatto cattivo!

15. Questo libro **non** lo trovo da nessuna parte.

16. Si è offeso in modo tale che non mi saluta **più neanche**.

Negazione

Qual è la forma sbagliata?

1a. A Bolsena? No, ci non vado più.
1b. A Bolsena? No, non ci vado più.

2a. Mi piacerebbe, ma non ho che pochi soldi.
2b. Mi piacerebbe, ma non che ho pochi soldi.

3a. Non l'avrei fatto nemmeno io.
3b. Nemmeno io l'avrei non fatto.

4a. No, non mai più l'ho invitato.
4b. No, non l'ho invitato mai più.

5a. Non nessuno è ancora venuto.
5b. Non è venuto ancora nessuno.

6a. Mi dispiace, ma non ho visto niente.
6b. Mi dispiace, ma non ho niente visto.

7a. No. Lei non si è più fatta viva.
7b. No. Lei non si è fatta viva più.

8a. Non ho nessun dubbio!
8b. Ho non nessun dubbio!

9a. No, purtroppo l'ho non ancora avuta.
9b. No, purtroppo non l'ho ancora avuta.

10a. No, non ho fatto più niente.
10b. No, ho fatto non più niente.

11a. Non neanche tu ci sei andato!
11b. Non ci sei andato neanche tu!

12a. Non l'ho trovato da nessuna parte!
12b. L'ho trovato non da nessuna parte!

Negazione

Soluzioni e spiegazioni

1 a. 2 b. 3 b. 4 a. 5 a. 6 b. 7 b. 8 b. 9 a. 10 b. 11 a. 12 b.

Non + Adverb / adverbiale Ausdrücke / Pronomina

non... affatto: ganz und gar nicht (*affatto* hat in Antworten die Bedeutung «überhaupt nicht»: *sei stanco? – affatto* oder besser: *nient'affatto*) **non... ancora:** noch nicht **non... da nessuna parte:** nirgends **non... in nessun luogo:** nirgends **non... mai:** nie (*mai* wird in der Bedeutung von «jemals» gebraucht: 1. in Fragen: *sei mai stato in India?* 2. nach dem hypothetischen *se*: *se mai vieni a Torino, passa da casa mia*) **non... mica:** gar nicht (*mica* im Fragesatz hat die Bedeutung «zufällig»: *non sei mica stato a Roma?*) **non... né... né:** weder... noch **non... nemmeno / neanche / neppure:** nicht einmal, auch nicht **non... più:** nicht mehr **non... niente / nulla:** nichts **non... nessuno / alcuno:** niemand

non + Kombination von Adverb + Pronomen / Adverb

non... ancora niente / nulla: noch nichts **non... ancora nessuno:** noch niemand **non... mai nessuno:** nie jemand **non... mai niente:** nie etwas **non... mai più:** nie mehr **non... più nessuno:** niemand mehr **non... per niente / nulla:** überhaupt nichts **non... che:** nichts als, nur *non è che uno scherzo*
(*non... che* oder *solo / soltanto / solamente* wird zur Einschränkung des Subjekts und Objekts gebraucht. Zwischen *non... che* kann nur ein Verb stehen, kein Substantiv und kein Pronomen.)
Bei den zusammengesetzten Zeiten stehen die Negationsadverbien vor dem Partizip Perfekt. Um die Negationsadverbien zu betonen, ist es möglich, sie ans Ende eines Satzes zu stellen: *non ci sono mai stato – non ci sono stato mai!*
Die Negationspronomina stehen in den zusammengesetzten Zeiten immer nach dem Partizip Perfekt: **non ho sentito niente**
Es ist möglich, *mai, mica, neanche / nemmeno / neppure, niente / nulla, nessuno* an den Satzanfang zu stellen. In diesem Fall entfällt *non:*
mica sono stupido!
nemmeno io ci andrei

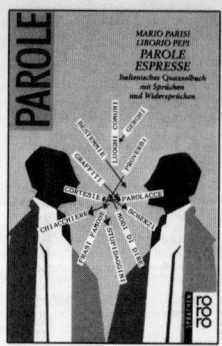

Französisch von Anfang an.
Ein Sprachkurs nah an der
Umgangssprache und dem
französischen Alltag.

Armelle Damblemont / Petra
Preßmar
Français Un *Französisch reden
und verstehen. Ein
Grundkurs*
(rororo sachbuch 9106)

Français Un *Toncassette
Zum Auffrischen, Vertiefen
und Ergänzen für mehr oder
minder Sprachgewandte*
(rororo sachbuch 9107)

Claire Bretécher / Isabelle Jue/
Nicole Zimmermannn
Le Français avec les Frustrés *Ein
Comic-Sprachhelfer*
(rororo sachbuch 8423)
Plus de Français avec les Frustrés
Ein Comic-Srachhelfer
(rororo sachbuch 8539)

Ahmed Haddedou
Questions grammaticales de A à Z
*Tout ce que vous avez
toujours voulu savoir sur la
grammaire sans jamais oser
le demander*
(rororo sachbuch 8445)

Robert Kleinschroth
La Conversation en s'amusant
*Sprechsituationen mit Witz
gemeistert*
(rororo sachbuch 8873)

Robert Kleinschroth / Dieter
Maupel
La Grammaire en s'amusant
*Wichige Regeln zum
Anlachen*
(rororo sachbuch 8714)

Marie-Thérèse Pignolo /
Hans-Georg Heuber
Ne mâche pas tes mots *Nimm
kein Blatt vor den Mund!
Französische
Redewendungen und ihre
deutschen Pendants*
(rororo sachbuch 7472)

Jacques Soussan
Pouvez-vous Français?
*Programm zum Verlernen
typisch deutscher
Französischfehler*
(rororo sachbuch 6940)

rororo sprachen wird heraus-
gegeben von Ludwig Moos.
Das Gesamtverzeichnis der
Reihe finden Sie in der
Rowohlt Revue. Jedes Viertel-
jahr neu. Kostenlos in Ihrer

rororo anders reisen

rororo anders reisen wird herausgegeben von Ludwig Moos. Ein Gesamtverzeichnis der Reihe finden Sie in der *Rowohlt Revue*. Jedes Vierteljahr neu. Kostenlos. In Ihrer Buchhandlung.

Helmuth Bischoff
Spanien *Ein Reisebuch in den Alltag*
(rororo sachbuch 7567)

Christof Kehr
Andalusien *Ein Reisebuch in den Alltag*
(rororo sachbuch 7575)

Roland Motz
Balearen. Mallorca. Menorca. Ibiza. Formentera *Eine Reisbuch in den Alltag*
(rororo sachbuch 7579)

Till Bartes / Ulrike Wiebrecht
Barcelona / Katalonien *Ein Reisebuch in den Alltag*
(rororo sachbuch 9070)

Christof Kehr / Ana Rodríguez Lebrón
Sprachbuch Spanien
(rororo sachbuch 7588)

Jürgen Humburg / Conrad Lay / Michaela Wunderle
Italien *Ein Reisebuch in den Alltag*
(rororo sachbuch 7515)

Michael Kadereit
Toskana / Umbrien *Ein Reisebuch in den Alltag*
(rororo sachbuch 7521)

Peter Kammerer /Henning Klüver
Rom *Ein Reisebuch in den Alltag*
(rororo sachbuch 7514)

Frida Bordon
Venedig mit Venetien *Ein Reisebuch in den Alltag*
(rororo sachbuch 7570)

Frida Bordon
Sizilien *Ein Reisebuch in den Alltag*
(rororo sachbuch 7567)

Michaela Wunderle
Süditalien
(rororo sachbuch 7592)

Senzaparole
Sprachbuch Italien
(rororo sachbuch 7571)

Ingrid Backes /Gabriela Daum
Griechenland *Ein Reisebuch in den Alltag*
(rororo sachbuch 7508)

Rainer Karbe / Ute Latermann-Pröper
Kreta *Ein Reisebuch in den Alltag*
(rororo sachbuch 7569)

Ute Frings / Rolly Rosen
Israel / Palästina *Ein Reisebuch in den Alltag*
(rororo sachbuch 7596)

Hanna Straube
Türkei *Ein Reisebuch in den Alltag*
(rororo sachbuch 7597)

rororo anders reisen wird herausgegeben von Ludwig Moos . Ein Gesamtverzeichnis der Reihe finden Sie in der *Rowohlt Revue*. Jedes Vierteljahr neu. Kostenlos. In Ihrer Buchhandlung.